은퇴 해녀의
불면증

은퇴 해녀의
불면증

글 문봉순
사진 박정근

바다밭을 일구며
물숨의 삶을 건너온
해녀할망들의 이야기

한그루

서문

지난겨울 나는 선흘의 한 굿당에 심부름을 갔다. 굿을 하는 심방도 굿을
청한 본주도 잘 아는 사이여서, 인사를 나누고 이런저런 이야기를
나누다 보니 밤이 깊었다. 굿은 표선에 사는 80대 해녀가 의뢰한
것이었다. 정확히 말하면 심방이 직업인 해녀 할머니의 며느리와 그녀의
친정어머니가 친분이 깊은 김녕 서심방에게 의뢰해서 진행된 것이었다.
불면증이라는 병을 놓고 굿판에 모인 사람들이 원인을 규명해 가는
과정들이 너무나 흥미로웠다.

칠성한집과
선앙에 걸려서 생긴 병

"이 잠을 못 잔 때가 언제 되갑니까 대강?" 굿을 맡은 김녕의 서심방은
불면증의 원인을 하나하나 추적해 나가기 시작했다. "허리 다친 제가,
앞머리라 하는 데서 쓰러지난." 은퇴 해녀 할머니의 불면증은

앞머리라고 하는 바다에서 쓰러지고 허리를 다친 이후부터 시작되었다고 한다. 표선리 바다는 해녀들의 일터다. 그 바다 안에는 흰동산, 너부러, 앞머리, 반개, 귄구석 등으로 불리는 여가 있다. 그중에서도 흰동산은 물이 들어오고 나가는 바다인지라 시체들이 자꾸자꾸 올라오는 곳이다. 예전 소를 키울 때 아침에 촐^(꼴)을 베러 갈 때 보면, 물 위나 물질하는 바다 모래 속에도 시체가 숨어 있어서 건져내곤 했다. 직접 본 것만도 열 몇 사람이나 되었다. 어떤 때는 시체를 미처 발견하지 못해 바닷속에 들어갔다가 크게 놀란 적도 있었다고 한다. 할머니 또한 바다에서 물질을 하며 크게 놀란 일이 여러 번 있었다. 그 첫 번째는 홍씨 영혼이 죽은 너븐여였고, 두 번째는 앞머리라는 곳에서 크게 다쳐 허리를 못 쓰게 된 사건이다. 그 당시에는 아무렇지 않았는데, 그 사건 이후로 한동안 바다에 나가지 못했다. 서심방은 할머니의 며느리로부터 굿 의뢰를 받고 꿈을 꾸었다고 한다. 죽은 시체들이 말도 못 할 정도로 많았는데, 젊은 여자가 위에 입은 저고리는 선명하게 안 보이는데 빨간 치마를 입고 왔다 갔다 하는 것이었다. 또 개를 죽이는 모습을 보았는데, 큰 개도 죽이고 작은 개도 막 죽이는 것이었다. "개는 본향이거든예. 게난^(그러니) 칠성한집을 어떵헨^(어떻게 해서). 이제야 한 것은 아닌 거 닮아. 바당에서가. 배염^(뱀). 개를 죽이고 하난^(하니). 분명히 선앙빨이여."

해녀 할망도 열심히 기억을 더듬었다. 몇십 년 전, 처음 시집왔을 때 초가집에 큰 뱀이 나온 적이 있었다. 할머니의 집은 큰길 옆이어서 뱀을 멀리 옮겨서 치우라고 했다. 그런데 그 뱀이 다시 할머니 집으로 오다가 차에 깔려 죽고 말았다. 우리 집으로 오다가 죽은 것이니 치워야 한다고 생각해서 할아버지가 죽은 뱀을 치운 적이 있다. 하지만 바다에서 뱀을 본 적은 없었다. 또 작은 며느리가 시집오고 난 뒤에 꿈에서 큰 구렁이를 본 적이 있는데, 스님이 아들 낳을 꿈이라고 말했다고 한다.

어떠한 인과관계도 없는 심방의 처방에 어떻게든 근거를 찾아 이야기를 이어 맞추는 일련의 과정들이 반복되었다.

표선리 홍씨 집안에서 모시는
고씨 조상을 잘 모시지 못한 탓

은퇴 해녀의 사돈은 제주에서 이름난 심방이다. 대대로 소문난 심방 집안에서 태어나 학교 문턱에도 가본 적 없지만, 보고 듣고 깨달은 지혜로 평생을 심방으로 살며 자식들을 키워냈다. 글을 모르는 대신 한번 들은 단골들 이름은 몽땅 외워버리는 총기를 가진 하도리 고씨 심방은 사돈의 불면증을 홍씨 집안의 일월 조상인 고씨 하르방에서 찾으려 했다.

300년도 넘은 옛날의 일이다. 표선리에는 고래원이라 불리던 고씨 성을 가진 큰심방이 있었다고 한다. 하루는 홍씨 집에 굿을 하러 갔는데, 초감제 도업을 치던 심방이 굿을 멈추고 본주인 홍씨 할마님께 물었다. "이 도업을 다 쳤다간 나는 죽습니다. 그래도 도업을 칩니까?" 홍씨 할마님은 그래도 굿을 진행하라고 했다. 만약 이 굿을 하다 죽으면 장례비용을 포함해서 식구들이 먹고살 돈까지 다 내어주겠다는 약속을 받고서야, 고씨 심방은 도업을 치기 시작했다. 하지만 굿을 마치고 올레 바깥으로 나가기도 전에 고씨 심방은 죽고 말았다. 홍씨 집안에서는 약속을 지켜서 장례비용과 함께 말과 소를 내어주었다. 그리고 이 집안에서 굿을 할 때는 조상으로 놀려서 간장을 풀어주고, 제사 명절 끝에도 함께 모시게 되었다고 한다.

홍씨 집안에서는 이 조상을 잘 모시면 집안에 풍운이 없다는 말이

전해져 왔다. 그 사건이 일어난 이후로 3대까지 홍씨 집안 자손들은
부자로 살았지만, 그 후대로부터는 자손들이 잘 풀리지 않았다고 한다.
하도리 고씨 심방 친척 중에 일본에 가서 죽은 하르방이 있는데, 그분도
표선리 홍씨였다고 한다. 하르방이 일본으로 떠난 후에 제주에 남은
8남매가 모두 심방의 길로 들어섰다.
딸이 표선리 홍씨 집안으로 이사를 가고 난 뒤로 몇 번의 굿을 했다.
그때마다 하도리 고심방은 뭔가 집안의 연줄로 걸리는 것이 있는데,
딸에게 알아보라고 시켜도 원인을 알 수가 없었다. 그러다 오랜 시간
표선에 굿을 하러 다니던 오씨 심방으로부터 홍첩이집 일월조상의
이야기를 전해 듣고는 사돈의 불면증 원인을 이렇게 연결시키고야 만다.
"이 조상은 일월로 하여 간장 잘 풀려그네^(풀려서). 나 생각으로 야네^(애네)
집이 단골이 문전에도 하고^(많고) 혜연^(해서) 조상이 호끔^(조금) 연줄이 있는
거 같아."

섬에서 태어나 자식을 키워낸
여성의 억울함

하지만 할머니가 들려준 이야기에서 또 다른 원인을 보게 되었다.
심방은 선앙에 걸린 것이라고, 사돈 심방은 일월조상에서 원인을
찾았지만, 할머니의 불면증은 분명 누군가의 어머니, 아내,
제주여성이기에 강요당한 무엇과 닿아 있었다.
그 굿이 끝난 뒤 불면증의 원인이 어떻게 밝혀졌는지, 할머니의
불면증은 차도를 보였는지 미처 확인하지 못했다. 하지만 그곳에 있는
모두는 알고 있었을 것이다. 평생 물질하고 과수원에서 미깡^(귤)
농사짓고 밭일 하며 일군 재산을 자식이라는 이유로 내어주어야 했고,

처음으로 가진 나의 집을 남편이 팔자고 했을 때도 동의할 수밖에
없었던 할머니의 마음을. 이제는 몸이 아파 바다에도 들지 못하는 늙은
할망은 이제야 자신의 마음을 돌아보게 되었을 것이다. 그리고 내뱉지
못한 그 하나하나의 사연이 쌓여 마음의 병이 되고 잠 못 이루는
나날들이 되어 굿을 하기에까지 이른 것이다.

70세 이상의 해녀들은 근대화 이전의 제주 모습을 기억하는 세대이다.
물질을 통해 가정을 일구고 제주 경제를 일으킨 해녀들은 그들의 직업을
선택한 적이 없다. 삶의 고단함을 당연한 것으로 여기고 가족들의
행복을 보람으로 살아왔다. 그러나 변화된 세상은 그들에게 뒤늦은
억울함을 안겨주기도 한 것 같다. 이 좋은 세상을 더 누리지 못하는
그들에게 당신들의 덕택으로 지금 우리가 이만큼 살게 되었다는 보람을
찾아주는 작업을 하고 싶었다. 인터뷰를 통해 자신의 삶을 되돌아보고,
그 고단한 삶을 뚫고 나온 저마다의 빛을 발견하기를 바라는 마음이다.

은퇴 해녀의 불면증
차례

우도직녀가 牛島織女歌

제주의 동쪽 바다에 소의 형상으로 떠 있는 섬 속의 섬, 우도.

해녀는 우도의 현재를 만든 주인공이다. 그들이 살아온 시간과 공간 속에 그대로 우도의 역사가 담겨 있다. 해녀의 몸을 통해 직조된 우도의 시간과 공간에 대한 이야기는 씨실과 날실이 되어 한 편의 우도 역사책이 된다. 열심히 실을 짜지만 일 년에 한 번 오작교를 타고 견우를 만나는 직녀의 삶은 우도의 해녀들과 닮았다. 척박한 자연환경 속에서 몸뚱이 하나로 딸, 엄마, 며느리, 아내로 살면서 하루하루를 지어가지만, 지난한 고단함 속에서도 하나의 희망을 잃지 않는다. 자식의 성공과 가족의 행복, 오늘보다 나은 내일에 대한 희망.

우도의 직녀들은 대부분 우도에서 태어나 70년 이상을 섬에서 살고 있다. 때로 돈을 벌기 위해 섬을 떠나 멀리 외방으로 떠돌기도 했지만, 생의 대부분을 이곳에서 보냈다. 직녀의 이야기는 주로 1인칭주인공시점으로 전개되지만 가끔은 3인칭관찰자시점으로 전환되기도 하고, 또 때로는 전지적작가시점에서 서술되기도 한다. 나의 이야기와 그들의 이야기, 우리들의 이야기가 혼재하기 때문이다. 해녀가 전하는 생생한 과거와 현재 이야기를 통해 우도의 미래가 열리기를 희망한다.

제1부 〈우도직녀가(牛島織女歌)〉는 '2020년 공공미술(문화뉴딜) 프로젝트 사업 〈우리동네 미술〉'의 하나인 '우도9경 프로젝트'의 일부로 진행되었다. 해녀 인터뷰는 주민 참여형 예술아카이브로 진행되었으며 박정근 사진작가와 함께 2020년 12월 한 달 동안 우도마을의 고령 해녀들을 만나서 그들의 이야기를 듣고 정리한 것이다. 그 결과물은 (주)아트랩티가 발행한 《우도9경프로젝트》 전시도록에 수록되었다. 이 책에는 《우도9경프로젝트》에 수록된 12명의 인터뷰 중에서 1명을 제외한 11명의 글을 다시 다듬어 실었다.

며느리가 말려도
물에만 들고 싶은 마음

- 정금주(비양동, 1929년생)

올해 92세로 하우목동에서 태어났다. 학교도 다니지 못하고 야학에서 글을 조금 배웠다. 야학은 8월 추석 넘어 시작하면 섣달그믐날 끝나기 때문에 배운 것을 잊어버리기가 십상이다. 일고여덟 살 무렵에 눈[1] 쓰고 히어[2] 다니면서 물질[3]을 배웠다. 그러다 열 살이 넘어서 테왁[4]을 들고 다니기 시작했는데, 두룽박도 없어서 유리공을 사용했다. 처음으로 잡은 것은 파래, 나중에는 우미, 미역을 뜯어왔다. 15살 무렵부터 전복, 소라 등을 잡았지만 미역을 주로 했다.

19살에 비양동으로 시집와서 20살에 아들을 낳았다. 25살 무렵에는 부산으로 가서 10년 정도 살다가 왔다. 남편이랑 같이 가서 아이 낳고 광안리 끝에 있는 남천동에서 살았다. 우도만큼 물건은 못 하지만 대신 잘 팔렸다. 그러다 오빠가 운영하던 화물선이 평대 앞바다에서 사고를

---

1   해녀가 물질할 때 사용하는 물안경.
2   히다: 물속에서 헤엄쳐 다니다.
3   물질: 해녀들이 실제로 바다에 뛰어들어 소라·전복 등을 캐는 작업.
4   테왁은 해녀들이 물질할 때 부표 역할을 하는 도구이다. 현재 사용하는 스티로폼 테
     왁이 나오기 전에는 박이나 유리공으로 만든 것을 사용했다.

당하는 바람에 우도로 다시 돌아와야 했다. 남의 돈을 빚져서 시작한
사업인데 빚을 갚지 못하자 내가 책임자가 되었다. 부산에 집도 있고, 잘
살진 않아도 그날그날 벌어서 어렵지 않게 살았다. 하지만 집도 빚에
넘어가 버렸다. 당시에는 돈 벌어서 빚 갚고 나면 육지로 다시 돌아가서
살려고 했다. 하지만 어찌어찌 하다 보니 지금까지 우도에서 살고 있다.

첫 전복을 딴
너름너리

하우목동 축항 등대 방향에서 바다로 쑥 나가면 '너름너리'라고 부르는
여가 있다. 우도와 종달리의 중간쯤에 있는 한바당[5]으로 넙메역[6]도 나는
여이다. 이곳을 지나면 굵은 모래들만 쌓여있다. 열여덟 살에 어른들을
따라 이곳으로 물질을 갔는데 어른들은 저만치 가고 나만 따로
떨어졌다. 여를 보고는 "여기 여 이수다."라고 했더니 앞에 가던 누군가
말했다. "거기 들어가 보라. 훈이할망 물 아래 강 똥 싸뒁 생복[7] 텅[8]
나오는 여 잇져." 그렇게 물 아래로 내려가니 전복이 가득했다. 여기도
있고 저기도 있었다.
어느 걸 먼저 틀꼬 하다가 제일 높은 곳에 있는 숫전복을 땄다. 아이
때여서 어른같이 숨이 길지 않아서 높은 곳에 붙은 숫전복 하나랑

---

5   크고 깊은 바다.
6   넙메역은 넓미역을 말한다. 넓미역은 제주도와 우도 사이 수심 깊은 바다에서 자라
     는 미역으로 음력 6, 7월에 채취한다. 해녀들이 물속으로 들어가서 따내기 힘들기 때
     문에 주로 어부들이 배를 타고 어장으로 가서 '갈궁이'라는 어구로 긁어낸다.
7   생복: 전복.
8   트다: 떼다.

쪼끌락한[9] 것 하나를 떼서 올라왔다. 가만히 있었으면 나만 다 땄을 것인데, "아이고, 여기 전복 많이 이수다."라고 하니 어른들 몇 사람이 들어가서 하나씩 두 개씩 트고 올라왔다. 넓지 않은 곳이어서 숨이 긴 사람들은 한번에 두 개씩 가서 잡아 오니 금방 없어졌다. 다시 물에 들어가니 내가 잡을 전복이 하나도 없었다. 그날 그곳에서 튼 생복이 모두 16개였다. 그때가 지금도 눈앞에 선하다.

쓰임도 다양한
바다풀

옛날에는 미역을 주로 하고 천초[10]는 별로 없었다. 시집왔을 때만 해도 천초가 없었는데 지금은 많이 난다. 그때는 소라 전복이 돈이 안 되었다. 중간에 일본으로 수출하게 되면서 소라가 값이 나가기 시작했다. 미역은 딱 금했다가 3월 보름 넘어서 채취하기 시작한다. 미역을 베다가 길게 붙여서 미역낭[11]을 만들어서 말린다. 그러면 여수에 가서 팔아오는데 상인들한테 맡기거나 몇 사람이 어울려서 가기도 했다.
바다풀 중에 제일 비싼 것은 고장초[12], 그다음은 미역, 천초 순이다.

---

9 쪼끌락하다: 작다.

10 천초는 홍조류 우뭇가사리과의 바다풀인 우뭇가사리를 말한다. '우미'라고도 하며 일제강점기에 접어들면서 우뭇가사리 따는 일이 왕성하게 이루어졌다.

11 미역낭: 미역나무. 미역줄기를 긴 네모 모양으로 만들어서 말리는데 이것을 미역낭이라 한다.

12 고장초 또는 고장풀이라 부르는 홍조류 바다풀로 학명은 '볏붉은잎'이다. 일본에서 생선회의 장식품으로 사용하면서 해녀들의 주요 채취물이 되었다. '고장'은 '꽃'을 뜻하는 제주어로, 붉게 가지가 뻗은 모양이 꽃처럼 보여서 붙여진 이름인 듯하다.

독고달[13]은 많이 안 나지만 그것도 비싸다. 고장풀은 천초 나는 데도 있고 아무데나 나지만 독고달은 깊은 바다에서 자라기 때문에 상군들이나 할 수 있다. 고장풀은 우미 같이 생겼지만 그것보다는 너풀거린다. 독고달은 막 길진 않지만 미역처럼 길고 너풀너풀하다. 둘 다 먹는 것으로 들어간다는 말이 있다. 도박[14]은 너풀너풀하고 길이가 긴 풀로 바깥에서 자란다. 말려서 물을 넣고 끓여서 방 도배할 때 사용했다. 반찬 하는 건 톨[15], 몸, 미역이다. 톨은 무쳐도 먹고 그냥 찍어도 먹고 말려서 먹고 생것은 빨아서 먹고 삶아서도 먹는다. 몸과 미역으로 국도 끓여 먹고 무쳐서 먹었다. 파래는 가생이[16]로 나고, 톨은 두루 사방에 다 나는데 물 빠지면 보이는 그 이상에는 안 난다. 흉년이 지면 톨밥도 해 먹고 파래밥도 해 먹는데 톨밥을 많이 먹으면 얼굴이 부었다.

듬북[17]으로 거름하는 것은 노랑쟁이[18], 실갱이[19], 지듬북, 솔치집, 대와 등이다. 노랑쟁이는 얕은 바당에 나고 실갱이는 먼바당에 난다. 옛날에 거름을 많이 할 때는 줄아시[20]라고 하는 기다란 낫으로 양쪽으로 서서

---

13 갈래곰보는 홍조류 바다풀로 제주해녀들은 이를 '독고달'이라고 부른다. '독고달'은 제주어로 닭의 볏을 말하는데, 그 모양이 닭의 볏처럼 생겨서 붙여진 이름인 듯하다. 갈래곰보는 볏붉은잎보다 깊은 바다에 있으며, 볏붉은잎과 함께 일본으로 수출되어 생선회 장식용으로 사용되었다.

14 도박은 홍조류 지누아릿과의 바다풀인 '명지주누아리'를 말한다. 도박은 말려서 접착 제로 쓸 풀을 얻었다.

15 톨: 톳.

16 갓쪽을 말하며 깊은 바다가 아닌 바닷가를 가리킨다.

17 듬북은 거름으로 사용하는 해조류를 말한다.

18 팽생이모자반.

19 잔가시모자반.

20 실갱이를 베는 기다란 낫.

물에 들이쳐 베어내면 뒤에서는 건져냈다. 배를 타고 몇 사람씩
어울려서 나가는데, 거기에 못 붙은 사람은 물에 들어가서 했다. 추운
겨울에도 바람이 세면 바닷가에 떠밀려온 것을 주워서 거름을 했다.
지금은 썩어서 처치를 못 하지만 그때는 하나도 버리지 않았다.

물에만
들고 싶은 마음

어머니도 할머니도 모두 해녀였다. 딸도 해녀를 하다가 결혼하고 나서는
부산에서 살고 있다. 딸이랑 육지도 함께 다녔다. 그때는 그냥 여자들은
모두 물질을 하는 것이라고 생각했다. 딸도 스스로 히어 다니는 것을
배웠지만 고동[21] 잡으러 갈 때면 "저 섬여 조름[22] 벳겻 여에 가면 소라
많이 잇주." 그런 것도 말해주고, 또 똥내미여도 가르쳐주었다. 미역
조물 때는 같이 들어서 하고, 전복은 소라 잡으면서 보이면 트고 안
보이면 못 하고 그렇게 했다. 해녀가 좋은 직업인지 나쁜 직업인지 그걸
생각할 여유도 없었다. 그저 이걸 해야만 우리가 먹고살 수 있다 하는
생각만 있었다.
75세 나는 해에 밭농사는 그만두고, 물질은 91세까지 했다. 소라는
집에서 먹을 정도로만 하고 우미랑 성게 작업을 해서 한 천만 원 정도를
벌었다. 나이를 먹어도 마음은 아직 바다에 가 있다. 어느 여에 가면
뭐가 있고 우미는 어디에 나는지 훤하다. 우미 조물 때도 해녀들이 덜
숨비어[23] 난 곳과 또 이녁이 숨비어 어느 곳에 많이 있는 것을

21　소라.
22　꽁무니, 뒤.
23　숨비다: 물질하다.

알아뒀다가 뒷날은 가서 작업을 많이 해온다. 젊을 때는 내가 최고로 많이 했었다. 이제는 물질을 하지 않는 대가로 30만 원씩 돈이 나온다. 올해도 물에 가고 싶지만 며느리가 다니다가 쓰러지면 안 된다고 해서 못 갔다. 바다에 가면 마른 데 일[24]보다는 더 잘할 것만 같다. 다른 것은 못 해도 성게나 우미는 할 수 있다.

부부간에 아직까지 욕하며 싸워본 유래가 없다. 말소리 한 번 올레 바깥에 나지 않고 살았다. 바깥채에 있는 장롱은 집수리할 때 직접 짠 것이다. 지금은 잠도 자지 않아서 청소도 잘 안 하고 있다. 아들 네 형제를 다 앞에 보내고 딸 하나밖에 남지 않았다. 집 앞 올레에 있는 꽃은 아들이 초등학교 3학년 때 심은 것이 저렇게 퍼진 것이다. 겨울 여름 없이 일 년 세 번 꽃이 핀다. 이제 그 아들이 살았으면 오십 몇 살이 될 것이다.

---

24   바다, 즉 물이 아닌 육지에서 하는 일을 말한다.

마흔 넘어
다시 배운 물질

- 고우혜(하우목동, 1938년생)

올해 83세로 주흥동에서 태어났다. 제주도 아가씨들은 부모님이 하라고
해서 하는 것이 아니라 자연스럽게 해녀를 하는 것이다. 초등학교를
마치고 열일곱 살, 열여덟 살 정도가 되면 다 육지로 돈 벌러 나간다.
내가 부산에 갔을 때는 해녀질 하러 간 것이 아니고 일본에 가려고 한
것이다. 그때 몰래 숨어서 일본으로 가는 사람들이 많았다. 우리 삼촌뻘
되는 사람이 일본에 살았는데, 삼촌이 한국에 와서 같이 가기로 했는데
그 삼촌이 한국을 못 오게 됐다. 일본만 가면 그 삼촌이 아무 일을 해도
하게끔 만들어 줄 거니까 남들처럼 일하고 해녀질은 생각하지 않았다.
일본도 못 가고 시집도 못 가고 제주로 돌아왔다. 중매가 들어왔는데
그때 당시 아저씨가 군에 있어서 얼굴도 안 본 채 결혼을 하게 됐다. 그
옛날에는 부모님 말씀을 다 들었기 때문에 가기 싫다 이런 것이 없었다.
그래서 시집을 갔더니 신랑님이 나에게는 빵점이었다. 그때 당시는
시집을 안 살면은 부모님한테 불효한다고 해서 부모 말만 듣다 보니까
내 인생은 이렇게 되었다. 시집을 가더라도 안 살았으면 되는데, 부모
허락을 해서 시집을 갔는데 안 살고 돌아오면은 "아이고, 아무 집에 딸
시집 안 살아서 돌아왔다 뭐 했다." 형제들한테 피해 주는 게 싫었다.

나만 생각한 게 아니라 부모 형제 생각을 우선으로 했다. 또 한편으로
생각하면 세상이 바뀌어서 지금은 이혼을 밥 먹듯이 하지만, 부모님
허락한 시집 장가 가서 아무 탈 없이 그냥 살아왔다는 것이 좋다는
생각이 들기도 한다.

고무옷 입는 것부터
다시 배운 물질

26세에 결혼해서 한 20년 포항에서 살았다. 우리 아저씨가 해병대 군인
중사로 제대를 하고 제주도로 돌아왔다. 시어머니가 나이 들어서
농사일도 못 하게 되니 우리가 제주도로 들어온 것이다. 포항에서는
우리 아저씨가 물질을 못 하게 했다. 결혼 전에 물질할 때는 잠수복도 안
입고 오리발도 신지 않았다. 시집가서 해녀질을 안 하니까 해녀에
대해서는 잘 몰랐다.
포항서 살다가 제주로 들어와서 다시 물질을 하려고 하니까 오리발 신는
것도 모르지 잠수복 입는 것도 몰랐다. 동네 해녀 어머니들은 다
작업하러 가버리고 물어볼 데가 없었다. 그래서 친정에 가서
친정엄마에게 옷 입혀 달라고 하고 어떻게 하는지 가르쳐 달라고 했다.
어머니를 바닷가에 모셔놓고 돌 위에 앉아 있으라고 해놓고는 나는
거기서 작업하는 걸 연습했다. 며칠 연습을 하다 보니 조금씩 조금씩
나아졌다. 그때부터는 다른 해녀 어머니들하고 똑같이 해녀질을 했다.
거의 일 년 동안 연습했다. 동네 어머니들이 작업하고 들어올 때가 되면
밖으로 나가다가도 안으로 들어와 버렸다. 창피해서 그 어머니들을 안
만나려고 피했다. 남들은 돈을 많이 벌어오는데 나는 돈도 못 벌고 그냥
집에 있으니까 창피했다. 지금은 이것도 하면 돈이고 저것도 하면

돈이지만은 그때는 농사일 안 하고 해녀질 못하면 살기가 힘들었다.
농사짓는 사람들도 해녀질 하러 가버리면 밭일은 남자 혼자 다 했다.
옛날에는 남자일 여자일이 따로 없었다.

어릴 때나 아가씨 때는 세상 돌아가는 것을 아무것도 몰랐다. 공부를
부지런히 해야 나중에 뭐라도 된다 그런 생각 없이 멍청하게 살았다.
그냥 일하면 일하는 거, 학교 가면 학교 가는 거, 그렇게 했다. 작업을
하면서도 하기 싫어서 그냥 자식들은 절대 이런 직업은 안 시키겠다고
맹세했다. 해녀는 천한 직업이었다. 육지에 돈 벌러 가니까 "아이고,
해녀들은 사람이 아닌 줄 알았는데 우리랑 똑같은 사람이네."라고 직접
우리 앞에서 그런 말을 하는 것을 들었다. 옛날과 비교하면 지금은 많이
좋아졌다. 옛날에는 잠수복이 떨어지면 돈 주고 새로 사야 하니까
잠수복은 안 입는 걸로 아끼고 아끼고 했는데, 지금은 잠수복 공짜로
나오니까 해녀가 대통령보다도 더 좋다. 관광객들이 지나가다가
쳐다보면 창피스럽고 그런 뭐가 있었는데 지금은 아주 떳떳하다.
깊은 데로 들어가려면 귀 아픈 사람들이 있고 또 호흡이 가빠서 금방
들어갔다 나오는 사람도 있다. 귀도 안 아프고 호흡이 긴 사람은
잘하지만, 나는 얼마 못 들어가고 가까운 데 중간쯤 하다가 이제는
작업도 못 한다. 소라는 못 하고 작년까지 못난이 천초를 해서 반찬값
정도는 벌었다. 해녀가 80세가 넘으면 20만 원씩 주는 것도 있고
국민연금도 있어서 그것으로 먹고산다. 해녀를 하고 싶어서 한 것
같으면 아쉽고 그렇겠지만 이녁이 하기 싫은 거 안 하게 되니까 별로

아쉬운 게 없다.

자식에게 주어야만 편안한
우도 어머니

목포에 나가서 살다가 들어온 뒤에 '우도친목회'라는 해녀 모임에
들었다. 우도 전체에서 26명이 모여서 20년 동안 친목회를 했다. 그때는
구경도 많이 다니고 놀러도 많이 다니고 그렇게 했는데, 그 어머니들이
다 늙어서 해산했다. 또래 해녀들이 모여서 여행도 가고 한 달에 한 번
모여서 먹기도 하고 그렇게 하다가 나이가 들어가니까 해산한 지 10년이
좀 더 된다. 그러니까 젊을 때 구경도 많이 다니고 배우는 것도 많이

배우고 해야지 늙으면 할 수가 없다.

우도 어머니는 강하니까 그만큼 자식들 가르치고 지금까지 이렇게
살아오는 것이지, 강하지 않고 그냥그냥 했으면 이만큼 못 살았다.
우도에는 제주시에 집 없는 사람이 없다. 아들마다 둘이면 두 개, 하나면
하나, 다 있다. 우도 해녀들은 팔십 넘어도 물에질[25] 하고 사는데 육지
할머니들은 육십다섯만 넘으면 늙었다고 애기들한테 용돈을 달라고
한다. 그것이 참 마음에 안 든다. 우도 어머니들은 돈을 벌어서 자식들도
주고 손주들도 준다. 자식들이 뭐가 좀 힘든 것 같으면 나한테 돈 있다
해서 준다. 자식들이 힘들게 사는 거 보면 마음이 아파서 그걸 줘야
마음이 편안하다.

25   물에질: 물질.

일본 가서 찾아온
〈해녀의 노래〉 4절

- 김춘산(동천진동, 1938년생)

올해 83세로 산호해수욕장이 있는 상우목동이 고향이다. 친정어머니가
해녀인데 경북 포항 구룡포에 물질 갈 때 두 살이었던 나를 데리고 갔다.
그런데 어머니가 거기서 늑막염으로 돌아가셔서 어머니 얼굴도 기억이
나지 않는다. 어른들이 죽은 어머니 위에서 내가 젖을 빨고 있었다는
말을 전해주었다. 또 구룡포에서 삼정까지 먼 거리를 두 살짜리가 잘
걸어 다녔다고 했다. 어머니가 물건을 사서 가면 나를 업지 못하니까
걸려서 다닌 것이다. 결혼하고 38년 만에 어머니를 우도로 모셔왔다.
아버지는 83세에 돌아가셨다.
21세에 동천진동으로 시집을 왔다. 남편이 47세에 돌아가셨는데, 그때
내가 46세였다. 신랑도 일찍 죽고 육 남매를 키우려니 고생이 많았다.
아이들 키우면서 공부시키고, 농사짓고, 물질하고, 잠수회장[26] 하면서
활동도 많이 하고 상도 많이 탔다. 그 시절은 날쳤지만 이제는 늙어 몸이
아프니 고물 중에도 상고물이 되었다. 지금은 대수술을 13번이나 해서

---

26   해녀회장.

잘 걷지도 못하고 일도 못 한다. 서울 가서 두 번 수술해서 위랑 배설[27] 다 잘라내고 다리도 수술해서 쇠로 다 얽었다.

33년 잠수회장,
11개의 상장

삼사십 대에는 인정도 받고 이름도 날렸다. 상을 11개나 탔다. 모범어머니상으로 군수상, 도지사상, 농업상, 우도면만 아니고 북군[28] 관내 10개 마을에서 해녀대상 금메달까지 내가 탔다. 젊었을 때는 나를 보고 고개 안 숙이고 넘어가는 사람들이 없었다. 군 직원들 옷 찢으면서 책상 엎기는 제주도 군 생겨서는 나밖에 없다고 했다. 잠수함이 해녀 구역을 지나가니 보상을 해달라고 했더니 보상을 안 해주겠다고 했다. 그래서 나 혼자 가서 악착같이 싸워서 보상을 받아냈다. 옛날에는 몸무게가 82킬로 나갔는데, 그렇게 신체가 좋고 힘도 셌다. 해녀들이 나를 부를 때도 이름 대신 별호로 '장군 장군' 이렇게 불렀다. 시집와서 육지를 5년 동안 다녔다. 그루후제[29] 우도로 들어와서 33년 동안 잠수회장을 했다. 잠수회장을 할 때는 우도 전체에서 해녀가 400명이 넘었는데 이제는 반도 안 된다. 우리 동네도 내가 회장 할 때만 해도 해녀가 60명이 됐다가, 회장 사표 놓을 때는 52명이었고, 이제는 20명도 안 된다. 어린 사람이 58세, 60세인데 그 사람들이 몇 년 하고

---

27   창자 등의 장기를 뜻하는 제주어.
28   제주시와 서귀포시로 행정구역이 개편되기 이전에는 남제주군, 북제주군, 제주시, 서귀포시 4개의 행정구역으로 나뉘었다. 북군은 북제주군을 뜻한다.
29   '그 이후로, 그 뒤로' 정도의 뜻을 가진 제주어.

나면 사람이 없다. "칠십 돼가면은 벗이 없으면 못 해 바당에는. 사람이 많아서 권력으로 물에질 하지 혼자서만은 바다에서 무서워서 못 하거든." 이제 해녀들이 모두 병이 나고 나이가 들어서 앞으로 15년 안에 없어질 것이다. 그때는 남자 다이버가 나와서 물질을 하게 될지도 모른다. 그 돈을 내버릴 수가 없기 때문에 동네에서 남자 다이버를 빌려서 할 수도 있다.

일본 가서 찾아온
〈해녀의 노래〉 4절

부두에 해녀노래 비가 있다. 해녀 난리 사건[30]에 하도에서 싸움이 일어났는데, 우도 해녀분들이 물옷만 입고 싸우러 갔다가 돌아오는데 일본 병정들이 물에 던져버렸다. 강관순[31] 선생은 주동자라고 해서 감옥에 갇혔고 그때 〈해녀의 노래〉 가사를 만들었다. 처음 들을 때는 아무것도 아닌데 들어서 상상을 해보면 의미가 깊은 노래이다. 이분 딸이 우도에 살고 있다.

이 노래를 아는 사람들이 다 죽어버리고 아는 사람이 없었는데, 열세 살 때 언니들이 불렀던 것이 기억이 났다. 옛날에는 3절까지밖에 없었지만, 노래비를 세우려고 일본에 가서 자료를 찾아보니 4절이 나왔다. 그 뒤부터 4절을 외워서 부르기 시작했다. 72세에 서울 방송국에서

---

30   일제강점기인 1931년 해녀조합의 횡포에 항의하여 제주 해녀들이 벌인 시위인 해녀 항쟁을 말한다.

31   사회주의운동가로 1932년 일제의 경제적 수탈에 저항하기 위해 일어난 제주도해녀 투쟁(일명 세화리 해녀항쟁)을 주도하였다. 문학적 재능이 뛰어나 옥중에서 작사하여 항일운동가로 널리 불리던 〈해녀의 노래〉가 전해진다. (출처: 네이버 지식백과)

녹음해서 시디를 어촌계에 나눠줬다. 그 뒤로 학생들이나 방송국에서
찾아오곤 한다.

> "우리들은 제주도의 가엾은 해녀들 비참한 살림살이 세상이 안다.
> 추운 날 무더운 날 비가 오는 날에도 저 바다 물결 위에 시달리는 몸.
> 아침 일찍 집을 떠나 황혼 되면 돌아와 어린아이 젖 먹이며 저녁밥 짓는다.
> 하루 종일 해 봤으나 버는 것은 기막혀. 살자 하니 한숨으로 잠 못 이룬다.
> 이른 봄 고향산천 부모형제 이별하고 온 가족 생명줄을 등에다 지어
> 파도 세고 무서운 저 바다를 건너서 기울산 대마도로 돈벌이 간다.
> 배움 없는 우리 해녀 가는 곳마다 저놈들의 착취기관 설치해 놓고
> 우리들의 피와 땀을 착취하도다. 가엾은 우리 해녀 어디로 갈까?"

몸만 늙는 게 아니라 노래도 다 늙었다. 젊었을 때는 나도 이미자만큼
노래를 부른다 했는데 이제는 늙어지니까 노래도 안 나오고 말도 안
나온다.

> 본전 안 들이고 몸만
> 노력하면 되는 일

고무옷과 오리발이 처음 나올 때 반대도 많았다. 잠수복 입고 오리발
신으면 물건 씨가 없어진다[32]고 했다. 그거 안 신어도 물건이 어려운데
이거 나와서 물건을 다 잡아버리면 물건이 다 없어질 거 아니냐고 했다.

---

32 고무옷을 입고 장시간 잠수를 하게 되면 해산물을 많이 잡을 수 있기 때문에, 씨도 없
이 모두 사라진다는 뜻이다.

하지만 잠수복을 입고 나서 물건이 더 많이 나왔다. 작년 같은 경우에는 이 섬 띄우고 나서는[33] 첫 번째로 물건이 많이 났다. 그렇게 소라가 나 본 역사가 없다. 물에질 배우고 나서는 그렇게 물건이 나본 역사가 없다. 금년은 물건이 별로 없다. 옛날에도 멸망이 들면은 병이 난다고 했는데, 병이 나려니까 그렇게 소라가 많이 잡혔는지도 모르겠다.

옛날 장질부사에 걸리면 그 집을 먼저 차단했다. 그것이 코로나랑 마찬가지다. 물항아리를 집 밖에 두면 동네 사람들이 물을 채워 주고 환자들이 집 밖으로 못 나오게 했다. 그때도 두 달 석 달이면 끝났는데, 이렇게 일 년 내내 세계 각국이 다하기는 우리 일생 처음이다. 그때는 약도 없어서 테라마이신[34] 하는 거 그런 것으로 몬딱[35] 다 통과가 되어서 병을 다 고쳤다. 이제 과학이 발달해 옛날 쓰던 약이 안 나오는데, 옛날 쓰던 약이 잘 들었다.

해녀들이 물질을 아니 할 수가 없다. 본전 안 들이고 자기 몸만 노력하면 되는 일이기 때문이다. 소라는 알 낳는 기간인 6월 1일부터 금채했다가 10월 1일에 트기 시작하면 하루에 50만 원, 30만 원, 20만 원, 그렇게 돈을 벌었다. 요새는 상군들은 20만 원, 10만 원 벌고 못 하는 사람들은 한 5만 원, 몇만 원 번다 해도, 아무것도 없다가도 가면 나오는 것이니까 포기할 수가 없다. 농사를 지어도 약 치고 비료하고 다 본전을 해야 하는데, 이것은 몸만 가서 노력하면 돈이 되니까 내불라고[36] 아니 한다. 나도 70세만 되는 것 같으면 물질해서 집 하나는 더 사고 싶다.

---

33 우도는 섬 속의 섬이다. 그래서 '우도가 생겨나면서부터'라는 의미로 '섬을 바다에 띄우고 나서'라고 말한 것이다.

34 약 이름으로 당시 제주 사람들에게 만병통치약으로 사용되었다.

35 몬딱: 모두.

36 내불라고: 내버리려고.

물질 잘하는 것,
그것으로 이름났던 수에꼬

- 고계모(하고수동, 1936년생)

올해 85세로 하고수동에서 태어났다. 아버지가 여자를 여러 명 얻어서
어머니가 같이 살지 않았다. 어머니는 일본으로 중국으로 물질을
다녔다. 의지할 데 없는 나는 외가에서 외할아버지 외할머니와 함께
살았다. 다섯 살 여섯 살부터 모살[37]에 가서 이리저리 짚으며 기면서
헤엄을 배우고, 9살부터 두룽박 가지고 바닷가에서 우뭇가사리 뜯어
망사리에 담으면서 물질을 배웠다. 조금 커서는 할머니의 밭일도
도왔다.

19살에 결혼해서 3남매를 낳았다. 남편은 남영호 사건[38] 때
돌아가셨는데 그때 나이가 35세였다. 혼자 3남매를 키우면서 무지하게
고생했다. 시할아버지 시할머니 시아버지 시어머니 다 모시고, 다시
시아버지의 동생과 누나들, 총각 때 처녀 때 죽은 분들 식게멩질[39]을 다

---

37   모살: 모래.
38   1970년 12월 15일 서귀포항에서 출항한 부산~제주 간 정기여객선인 남영호가 침몰
      한 사건. 이 사고로 12명만 살아남고 319명이 목숨을 잃었다.
39   식게멩질: 제사·명절.

물질 잘하는 것, 그것으로 이름났던 수에꼬 **49**

했다. 식게멩질만 일 년에 12번을 했다. 남편이 돌아가시고 난 뒤로 시하르방 시할망 3년상을 치렀다. 옛날에는 3년상을 안 하면 그 집안에 좋지 않다고 해서 그렇게 했다. 그렇게 하는 사이에 어른들도 모두 돌아가셨다.

땔 나무와 초집[40] 이을
새가 귀했던 우도

지금은 제주시에서 바다로 파이프를 묻어서 좋은 물이 들어오지만, 그때는 아홉 살 열 살부터 물을 길러 다녔다. 열한 살 열두 살 무렵에는 대바지[41]를 조그마한 구덕[42]에 지어가서 물을 길어왔다. 대바지가 크지 않기 때문에 여러 번 길어와야 했다. 단물통[43]은 먹는 물이 들어오고 구진 물통[44]은 빨래하고 아이들 수영도 하고, 어른들은 밭에서 검질[45] 매고 오다가 목욕을 하기도 했다. 물을 길어오면 솥을 걸고 불을 때서 밥을 한다. 우도봉에 가서 풀을 베어 말린 것이나 보릿대, 조칩(조짚) 등으로 불을 피웠다. 옷은 광목이랑 미녕[46]으로 많이 만들어 입었다.

---

40   초집: 초가집.

41   제주에서 여성들이 물을 길어 나르는 허벅을 '물허벅'이라 하는데, 어린아이들이 사용하는 작은 허벅을 '대바지'라고 한다.

42   대나무로 만든 바구니.

43   바닷물을 짠물이라 하고, 식용으로 사용하는 용천수는 짜지 않기 때문에 단물이라고 한다. 단물통은 단물이 나오는 통을 말한다.

44   제주에서는 우물을 '물통'이라 부르는데, 대부분 3단으로 구성되어 있다. 첫 번째 칸은 식수로 사용하고, 그다음 칸은 채소를 씻고, 마지막 칸은 빨래나 목욕하는 데 사용한다. 구진 물통은 '궂은 물', 즉 깨끗하지 않은 물이 나오는 물통을 말한다.

45   검질: 잡초.

46   미녕: 무명.

광목이 곱지 미녕은 호쏠⁴⁷ 올이 굵고 넓이도 좁다.

우도에서는 나무도 지붕을 이을 새(띠)도 귀해서 섬 밖으로 나가서 준비해 왔다. 새는 일 년에 한 번, 설피⁴⁸는 일 년에 세 번도 가고 네 번도 갔다. 설피를 할 때는 세화리, 종달리, 별방⁴⁹ 하도, 김녕, 수산으로 가고, 새는 송당이나 성읍으로 갔다. 몇 명이 집을 빌려서 살면서 준비한다. 나무나 새를 해서 재어 놓고는 돛을 단 풍선에 실어서 우도로 온다. 4·3사건 당시에 세화리에 갔을 때의 일이다. 해 지고 몇 시 안에 집으로 들어오지 않으면 폭도들이 와서 총살한다고 빨리 들어오라고 했다. 새를 조금 하고 산에 갔다가 3시 4시 되면 집에 돌아왔다. 그러다가 "폭도 왐쩌.(폭도 온다)" 하는 말을 듣고는 뒷날 새도 안 하고 겁나서 와버렸다. 19살에 결혼을 하고 난 뒤에 생활력이 생기니까 그때부터는 생활이 조금 풀려서 지붕도 스레트⁵⁰로 올려 살았다. 전기, 수도, 가스가 다 들어오기 시작했다.

물질 하나로 이름났던
수에꼬

처음 물질을 할 때는 가르쳐주는 사람 없이 혼자 배웠다. 숨이 차면 나와버리고 어찌어찌 하다 보니 13m 14m 15m까지 들어갔다. 나도 우도에서 해녀질로는 두 번째 안 간다. 옛날 일제 시대에 이름이

---

47 호쏠: 약간.
48 땔감으로 사용하는 나무 등을 말한다.
49 하도리에는 별방진성이 있어서 '별방'이라고도 부른다.
50 슬레이트.

수에꼬였는데, 지금도 나를 보면 "수에꼬 그 물질 그 물질" 하는 말을
한다. 다른 건 없고 어디 가면 물질 잘하는 것 그것 하나 이름이 났다.
스물대여섯 살 때가 최고로 잘했다. 육십 대에는 일본도 가고, 구룡포,
충남, 삼천포, 남해, 상주 등지로 십 년 넘게 다녔다. 열여덟 살부터
육지로 다녔는데 한 곳에 3년도 가고 2년도 갔다. 어린 처녀들이 물질을
가면 '애기상군 애기상군' 그렇게 별호로 불렀다. 육지 가서는 천초,
도박, 솜(말똥성게), 성게, 전복 등 다양하게 잡았다. 울산에서는 솜을 주로
잡았는데 그곳에서는 '앙장군'이라고 불렀다. 충남에서는 주로 전복만

하고, 일본에서도 전복과 오분자기를 주로 작업했다.

일본은 부산에서 비행기를 타고 갔는데, 관광비자는 15일에 한 번씩밖에 허가를 안 주기 때문에 두 번 갔다 왔다. 일본에 가서도 곱아서[51] 작업했다. 바다에 가서 작업하다가도 경비정이 오면 산에 올라가 나무 트멍[52]에 숨었다. 그때는 일본 가서 돈 벌어온 사람들이 많았다. 나는 일본에 가서 사백만 원을 벌어왔다. 지금은 큰돈이 아니지만, 그때는 큰돈이었다. 15일 비자가 나오지만 실제 작업하는 시간은 열흘도 안 된다.

나는 옛날에 공부를 못 해서 한이 맺힌 사람이다. 옛날에 야학하면서 한글 쪼끔 배워서 이름이라도 알게 되었다. 외할아버지한테 속으로 욕을 많이 했다. 국민학교만 보내줬으면 이리 한이 맺히지 않았을 것이다. 그래서 내가 희생을 해도 아이들은 모두 공부를 시키기로 했다. 그래서 아이들 모두 2년제라도 다 부산으로 나가서 공부했다. 우리 시대에 딸 아이들 대학 시킨 사람이 잘 없었다. 딸은 육지 가서 시집가고, 아들은 부산서 공부해서 부산 살다가 우도가 발전되니까 다시 들어와서 살고 있다.

해녀가 늙으니
노래도 늙어

〈해녀 노 젓는 노래〉[53]에 보면 "진도 바당 한골로 간다"는 말이 있다. 진도 바당은 물이 너무너무 세기 때문에 배를 세웠다가 물이 돌아설

---

51   곱아서: 숨어서.
52   트멍: 구멍.
53   옛날 해녀들은 테우(나무 뗏목)를 타고 노를 저어서 물질할 장소로 이동했다. 이때 부르던 노래를 말한다.

무렵에 넘어가야 한다. 한골로 가자 하는 말이 그 말이다. 우리도 충남으로 갈 때 옛날에는 삼대 돛대 단 배를 삼대선이라고 불렀는데, 그걸 타고 충청도로 갔다. 가다가 진도 바당에 도착해서 넘어가지 못해서 배를 세웠다. 물이 돌아설 무렵에야 노를 저어서 넘어갔다. 해녀 배를 저으면서 〈해녀 노 젓는 노래〉를 많이 불렀다.

"이어도 사나 이어도 사나 이어도 사나 우리가 가면 어데로 가나

진도 바당 한골로 간다 이어도 사나 이어도 사나

이어도 사나 이어도 사나 우리가 살면은 몇백 년 살 거냐.

누가 누가 뭐라 하여도 우리가 할 일이로구나 이어도 사나 이어도 사나

처라 처라 처라 처라 처라 처라 이어도 사나

누가 간들 누가 가나 우리가 가지 이어도 사나 이어도 사나

해녀노래 해여가난 눈물이 나는구나.

이젠 다 늙어부난에 해녀 노래도 늙어지고 이어도 사나 이어도 사나"

나이가 드니까 노래도 늙는다. "울어점쩌 울어점서. 젊을 때 생각남서. 아이고 아이고." 옛날에는 모두 노를 저어 다니다가 우리가 50대 60대 무렵에 발동기가 나왔다. 노 젓는 배로 울산 갈 때도 몇십 리 거리를 다니고, 이 마을 저 마을 건너서 작업을 하고 제주도로 돌아왔다.

오동나무에 걸려
가도 오도 못 하는 신세

- 김을생(상고수동, 1935년생)

올해 86세로 천진리에서 태어났다. 그 옛날에 친정집이 빨간
기와집이었다. 우도에 기와집이 몇 개 없을 때, 네 개 세 개밖에 없던
시절이다. 아버지는 38세에 돌아가시고 어머니 혼자 8남매를 키웠다.
8남매 중에서 첫째다 보니 아래로 남동생과 여동생을 돌봐야 해서
학교는 5학년까지밖에 못 다녔다. 물질은 아홉 살부터 배워서 어머니가
물건을 잡으면 같이 가져오곤 했다. 열여섯 살부터 5년 동안은 부산에서
살았다. 고모할망이 부산국제시장에서 양단 장사를 했는데 비로드 같은
것을 팔면서 고모할망과 살았다. 그러다가 침을 주는 의원이었던
증조할아버지가 윤칩[54]이 집안과 결혼해야 한다고 우도로 오라고 했다.
열여덟 살 때는 부산에서 장사하면서 화장도 하고 그렇게 살았다.
우도에서는 바당에서만 살아서 얼굴도 시커멓게 타고, 바당에 갔다 오면
밭에 가야 하고 그런 게 싫어서 우도에 안 살려고만 했다. 결혼하러
오라고 해도 안 오니까 할아버지가 직접 부산까지 데리러 왔다. 그렇게
21세에 상고수동 윤씨 집안으로 시집을 갔다. 시집을 와서 애기를 낳게

54　윤칩: 윤씨 집.

되니 오동나무에 걸려서 가도 오도 못 하고 구십 살이 다 되도록 물에질 하고 바당에 가고 밭에 가고 하며 살고 있다.

소섬[55] 안에 소문난 시아버지

친정에서는 걱정 없이 살았는데 시집와서는 막 고생했다. 시집오기 전 처녀 때 추석이 되면 친구들과 모여서 노래하고 춤추면서 놀았다. 그때 부르던 노래 중에 "저 바당물이 소주라도 윤제순이 없으면 허사로다"라는 것이 있었다. 시집을 와 보니 노래 속 윤제순이 바로 시아버지였다. 우도에서도 소문난 술꾼이었던 시아버지 때문에 노래까지 생길 정도였다.

38세에 돌아가신 친정아버지 이름이 김경무이다. 시아버지는 술만 드시면 나에게 '경무 똘'이라고 불렀다. 또 천진리를 하늘이라고 불렀는데, '하늘이 빨간 기와집이 똘' 하면서 나를 구속하곤 했다. 동네 사람들이 다 알 정도였다. 밥상을 차려 들어가면 눈짓하면서 들고 왔다고 상을 엎어버렸다. 소섬 안에 소문난 시아버지였다. 나도 그 소문을 들어서 시집을 안 오려고 했는데 할아버지가 밀어붙였다. "옛날에 윤칩이 어디 가젠 하면 말 타그네 뎅기고 노름허레 화투 치레도 말 타고 다니고 경하난. (옛날에 윤씨 집안이 어디 가려고 하면 말 타서 다니고 노름하러 화투 치러도 말 타고 다니고 그러니)" 우리 할아버지는 그런 큰 집안과 결혼해야 한다고 생각했다. 결혼하고 아기 둘 낳을 때까지 육지 물질을 다녔다. 팔 남매를 키우면서 술 마시는 시아방이랑 살려고 하니 고생이 이만저만이

---

55   소섬: 우도(牛島).

아니었다.

집 앞에 술장사를 하는 할망이 살았다. 돈은 없는데 시아버지는 술만
받아오라고 했다. 그럴 때는 "메역 조물아 안네크메[56] 술 줍서" 해서
외상으로 가져오곤 했다. 술장사 할망은 친정어머니와 동갑이었는데
살아 있으면 130세 정도가 된다. 옛날 할망이다 보니 글을 몰랐다.
그래서 내 이름만 써놓고 소주 큰 병은 막대기를 크게 그리고,
비루병[57]은 그다음, 사이다 병은 요만하게 작게 그려 놓았다. 그러면
나중에 미역으로 계산해서 값을 치렀다. 미역으로 술값을 다 못 갚으면
돈으로도 주고, 소라 잡을 때는 소라를 잡아서 가져다주기도 했다.

남편도 시누이도
추는굿 해서 나은 병

옛날에도 우도에 심방[58]이 있었고 지금도 심방이 살고 있다. 정월이면
심방을 빌려서 문전제[59]를 지냈는데, 그때는 보통 집집마다 문전제를
했다. 정월에는 문전제도 지내고 당[60]에 다니는 사람들은 당에도 간다.
나는 시어머니도 당에 다니지 않아서 그런 것은 없고, 지 들이치는

---

56 미역 작업을 해서 돈을 벌면 갚는다는 뜻.
57 비루병: 맥주병.
58 제주도에서는 제주굿을 하는 사제를 '심방'이라 부른다.
59 새해를 맞아 집안을 지키는 문전신(門前神)에게 한 해의 행운을 비는 신년제(新年
祭). 문전고사 또는 올래(제주도의 문이라 할 수 있는 '정낭' 앞으로 들어갈 수 있는
진입로)코사라고 한다. (출처: 네이버 지식백과)
60 제주도 마을에는 마을마다 신당(神堂)이 하나 이상 있다. 마을의 수호신인 본향당신,
아이들을 잘 자라게 해주는 일뤠신, 수렵수호신, 어부수호신 등 다양한 신을 모시고
있다. 정월이 되면 신들께 새해 인사를 드리는 신과세제를 올린다.

것[61]만 했다. 젊어서 물질할 때는 정월과 팔월 멩질[62]에 두 번 다녔다. 지를 쌀 때는 밥을 못 하면 쌀로 하고 술 한 병만 가져가서 바다에 들이치고 온다. 큰시아지방(큰시아주버니)이 해군에 갔다가 돌아가셨기 때문에 따로 지를 싼다. 바당에서 죽은 사람이 있는 집안에서는 요왕지, 몸지 외에 고혼 몫의 지를 따로 준비했다. 요즘은 심방도 안 찾고 아무것도 하지 않는다.

우리 집에는 바다에서 죽은 사람이 많다 보니 아픈 사람도 많았다. 시누이들도 집에서 추는굿을 했고, 남편도 굿을 해서 추었다. 시누이 둘이랑 남편 셋이 추는굿[63]을 했다. 친정에서는 그런 것을 본 적이 없다. 추는굿은 한 3일을 하는데, 굿을 하고 나면 환자들이 괜찮아졌다. 아픈 데를 몰라서 병원을 부산으로 어디로 다 돌아다녀도 병이 낫지를 않았다. 그래서 어디 가서 심방한테 물으니까 바다에서 죽은 사람이 있어서 그런 거라고 굿을 하라고 했다. 남편 형제 4남매 중에서 3명이 추는굿을 했다.

물질 배운 것이
원수

지금은 고무옷을 입지만 우리가 물질 배울 때는 적삼 하나 입고 속곳

---

61 흰 백지에 쌀이나 밥, 동전 등을 넣어서 싼 것을 '지'라고 하는데, 요왕지, 요왕차사지, 몸지, 영혼지 등이 있다. 해녀들이 바다에 들어가서 작업을 하기 전에 3~4개의 지를 싸서 바다에 던지는데, 이것을 지드림이라 한다.

62 멩질: 명절.

63 정신적인 문제로 앓고 있는 환자를 치유하기 위하여 벌이는 굿으로 '두린굿' 또는 '미친굿'이라고도 한다. '추는굿'은 환자로 하여금 춤을 추게 하는 것이 굿의 중심이기 때문에 붙은 이름이다.

입고 물질을 했다. 물에 들었다 나오면 몸이 얼어서 추웠다. 한번 물에 들면 반 시간쯤 있으면 나와야 했다. 집에서 검질 보릿대 같은 것을 담아 와서 두었다가 물에서 나오면 불을 피워서 몸을 녹이고 옷을 입고 집으로 왔다. 요즘에 태어났으면 장사를 하거나 직장을 다니지 물질은 안 했을 것이다. 요즘 사람들이 부럽지만 팔자 사주가 그런 것을 할 수가 없다. 그때 시절에 난 사람들은 다 그렇게 살아왔다. 물질을 배운 것이 원수라 평생을 물에 들어갔다 나왔다 하며 살고 있다.

물에서 사고도 많이 나고, 해녀질 하다가 죽는 사람도 봤다. 이 동네에서만도 여섯 사람 정도가 된다. 한 3~4년 전에도 물에질 하다가 죽는 사고가 있었다. 나는 물에서 죽은 사람 세 사람을 건졌다. 한 사람은 뽕돌[64]이 풀려 목에 걸려서 나오지 못해 죽었고, 닻줄에 걸려서 나오지 못해 죽는 사람도 있다. 얼마 전에도 88세 된 해녀가 테왁 위에 올라오려고 오리발을 벗었는데 파도가 쳐서 막 끗엉[65] 가버렸다. 물을 먹어서 배가 이만하게 찬 채로 건져냈다. 조금만 더 갔으면 죽었을 것이다. 놀라서 심방을 불러서 굿도 했다.

물에서는 오리발을 벗다가 몸이 뒤집히면 다시 엎드리지 못한다. 10킬로 정도가 나가는 연철을 차기 때문에 항상 조심해야 된다. 지금은 실갱이, 노랑쟁이 하는 듬북 같은 것이 없지만 그전에는 그 듬북에 발이 잘 걸렸다. 노랑쟁이가 제일 길다. 잘 피해서 다니다가도 어쩌다 그것이 벌어지면서 오리발에 걸리는데, 그럴 때 사고가 난다. 이젠 그런 듬북이 없다.

---

64 '봉돌'을 말한다. 해녀들은 물에 쉽게 가라앉기 위해 연철로 된 봉돌을 허리에 차고 들어간다.

65 끗엉: 끌고.

넙미역 번난지 줍고,
물질해서 오 남매 공부시킨 어머니

- 양순자(영일동, 1948년생)

올해 73세로 부산에서 태어났다. 배를 타던 아버지와 함께 가족이
부산에서 살았는데, 아버지가 작은 각시[66]를 얻어서 살면서 생활비를
주지 않자 어머니가 5남매와 살기 위해 우도로 돌아왔다. 서천진동에는
성할아버지 성할머니[67]가 살고 계셨다. 위로 언니가 한 명 있고 밑으로
남동생 하나 여동생 둘이 있다. 아들을 낳으려다 보니 딸을 넷이나
낳았다.

어머니가 물질을 안 했으면 자식들을 먹여 살리지 못했을 것이다.
할머니 할아버지가 있어도 안거리 밖거리에 따로 살았다. 고생해서
키워준 어머니와는 정이 있지만, 연필 한 자루도 안 사준 아버지와는
정이 없다. 너무 매정해서 3년 전에 아버지 장례식에 가서도 울어지지
않았다. 어머니는 우리를 다 키워주고 했으니 어머니 돌아가셨을 때는
막 슬퍼서 울었다.

어릴 때 천진리 갯것[68]에 살아서 물에서 히면서 놀았다. 물질은 누가

---

66   첩을 말한다.
67   제주에서 부계의 가족을 '성가'라 하고, 할아버지와 할머니 앞에 '성-'을 붙여 성할아
      버지, 성할머니라고 부른다.

가르쳐준 것이 아니고 자연스럽게 익히게 되었다. "어떵 고생허는 거 보난에^(보니) 아이고 우린 저추룩^(저렇게) 고생행 살지 말아야 될컨디. 근디 우리도 어차피 여기 사니까 물에 것도 자연이 허게 되고." 20세부터 육지로 물질하러 다녔다. 3월에 가서 8월이 되면 돌아오는데, 육지는 물밑이 어두워서 사리 때는 놀고 조금 때 며칠 작업했다. 5~6년 다니면서 돈은 별로 못 벌었다.

좁쌀 삶은 물로 키운
막냇동생

연평국민학교를 얼마 못 다니고 동생을 돌봐야 했다. 어머니가 "아이고 셋년⁶⁹아 오늘랑 학교 가지 말라.", "아이고 어떵행 학교 가지 말랜 헴수과 어머니게?", "애기들 봐사느냐게⁷⁰. 느가 아기 봐사 어머니가 바다에 가그네 돈 벌엉와사 우리 살거 아니가." 그렇게 하고 어머니가 물에 가버리면 나는 학교도 못 가고 동생들을 돌봤다.

서천진동 성창⁷¹ 옆에 '드렁코지'라고 부르는 곳이 있는데, 옛날에는 이곳에서 넙미역 번난지⁷²를 건졌다. 성산이나 종달리 사람들이 우도에 와서 갈퀴 닮은 공쟁이⁷³로 넙메역을 건지고 나면, 조류를 따라 흘러

---

68 바닷가를 말한다.

69 첫째와 막내 사이에 있는 사람을 나타낼 때 '셋-'을 붙여서 셋아버지, 셋아들 등으로 표현한다.

70 "아기를 돌봐야 하지 않겠느냐?"는 뜻이다.

71 성창: 포구.

72 미역, 우뭇가사리 등이 파도에 의해 해안까지 밀려온 것을 말한다.

73 공쟁이는 '갈퀴'·'줄아시'·'듬북낫'과 함께 거름용 해조류를 따내는 도구로서, 주로 배 위에서 남자들이 사용한다.

내려오는 것이 있는데 그것을 줍는 것이다. 우리 어머니는 수심 깊은
데도 잘 숨벼서[74] 물질을 잘 했다. 바다에 물질하는 것 외에도 아침밥도
안 먹고 나가서 번난지 건져서 미역을 붙여서 팔았다. 그렇게 동생들을
공부시켰다.

그 시절엔 우유도 없어서 좁쌀을 끓여서 그 물로 막냇동생을 키웠다.
어머니가 집을 비운 사이에 초가집에 불이 난 적이 있다. 검질로
아궁이에 불을 살려서 좁쌀을 삶았다. 좁쌀 삶은 물을 걸러서 아기에게
먹일 우유를 만드는데, 아기는 배고프다고 울고 하니까 막 빨리 하다
보니 나가면서 불을 끈다고 끈 것이 불씨가 남아 있었던 모양이었다.
셋째 동생이 어릴 때였는데 부엌 쪽을 가리키며 불이 났다고 해서 나가
보니, 벌써 활활 타서 초가집 지붕까지 불이 붙고 있었다. 동네 사람들이
와서 불을 껐고, 어머니는 지서에 조사를 받으러 갔다. "어머니 뭐렌
고릅디가. (뭐라고 말하던가요)" 물으니, "아이가 애기 먹을거 허당에 (하다가) 불
다 꺼진 줄 알앙 방에 들어가부난 불이 났덴." 했더니 그런 것이면 됐다고
집으로 돌려보냈다고 한다. 그때 일은 생전 잊어버리지도 않는다.

순전히 어머니 때문에

한 결혼

23세에 결혼을 하고 영일동에 와서 살았다. 내가 육지 물질 갔을 때,
남편이 밭도 갈아주고 어머니 일을 많이 도와주었다고 한다. 어머니는
남편이 마음에 들어서 사위 삼고 싶었지만, 나는 일만 하는 우도에서
결혼하고 싶지 않았다. 순전히 어머니 때문에 결혼을 했다. 시집을 와서

---

74   숨비다: 숨을 참고 물속으로 들어가다.

보니 늙은 시부모님은 집도 없이 남의 집을 빌려서 살고 있었다.
한번은 집주인이 성산포 사람이었는데 내가 친정에 다녀오는 사이에
와서는 뜯어진 문도 고치지 않고 산다고 타박을 한 모양이었다.
친정에서 돌아오니 "아이고 애기야 우린 집 어서부난(없어서) 어떵 살코."
하면서 시어멍이 막 울었다. "아이고 집 엇인것사 못 삽니까게. 몸만
편안허민 살주." 시어머니가 "아이고 애기야 느가 경(그렇게)
골아주난(말해주니) 너무 고맙고 니 보기 미안허다."라고 했다. 그렇게
시부모님과 같이 살아도 싸워보지를 않았다.

그 집에서 시부모님과 함께 7~8년 살았는데 성산포 주인이 집을
팔겠다고 해서 우리가 샀다. 시어멍 시아방은 돈도 없고 아무것도
없어서 그때 돈 45만 5천 원을 친정에 가서 빌려왔다. 시부모님은 그
집에서 계속 살고, 나는 새로 집을 사서 분가했다. 집주인 하르방이 죽고
할망은 동남에 사는 딸네로 가면서 집이 비니까 내놓은 것이다. 이
집으로 이사 온 것도 20년 정도 되어간다. 농협에서 550만 원을

대출받아서 재작년까지 조금씩 갚고 이제는 빚이 없다.

남편은 잘해 줬는지 못해 줬는지도 모르겠다. 결혼하고 얼마 안 살아서
남편이 죽었다. 술을 좋아해서 너무 많이 먹더니 32세에 술병으로
죽었다. 어린 애기들 세 오누이를 고생하면서 키웠다. 그래서 그런지
아이들도 나한테 막 잘한다. 큰 건 표현을 잘 안 하지만, 작은아들은
성질이 막 싹싹하다. 올해도 휴가받아서 7월에 왔다 갔다. 결혼해서
오누이를 키워보니 우리 어머니가 아버지 일찍 돌아가시고 우리 키울 때
고생한 것을 아는 것이다.

집안의 재산이었던
우도 해녀

이젠 물질 안 해도 살지만 그땐 물질 안 하면 돈 나올 것이 없었다.
그래서 옛날에는 딸 많은 사람들은 편안하고 아들 낳은 사람들은
고생했다. 그래도 딸은 결혼하면 남의 집에 가버리기 때문에 아들이 꼭
있어야 한다. 옛날에도 딸 많은 사람은 비행기 탄다고 했지만, 지금도 딸
있는 사람들은 편안하다. 요즘은 집 없는 사람한테는 시집도 안 간다고
하니 아들이 많으면 힘이 든다.

우도는 예전부터 인심이 참 좋았다. 지금도 해녀 인심은 그렇게
야박하지 않다. 바다에 가면 잘하는 사람들이 못하는 사람들에게 소라도
몇 개씩 주고, 그런 인심은 지금도 남아 있다. 동네 인심도 이웃 간에
싸움할 일이 없다. 도시와 달라서 동네 사람들과 싸워 본 적이 없다.
해녀 자랑은 물에 것 많이 잡는 것이다. 해녀도 나쁜 건 아니다. 돈 벌기
위해서 다 하는 것이다.

삼불도조상에
정성 들여 지킨 가족

- 송선옥(중앙동, 1940년생)

올해 81세로 고향은 표선면 신산리이고 우도에 온 지 50년 되었다.
남편의 고향이 우도인데, 우도에 오기 전에 신산리에서 10년 동안
사진관을 운영했다. 그때는 결혼식이 있으면 신랑 신부가 집에서
결혼식을 하고 흑백사진을 찍었다. 남편 고향이 여기고 나도 몸이 자꾸
아프고 해서 우도로 들어왔다. 우도에 들어와서 나는 물질하고 하르방은
할 거 없으니까 배를 했다. 신산리에 살 때인 열여덟 열아홉에 3년 동안
육지로 물질도 다녔지만 지금은 몸이 아파서 장난처럼만 하고 있다.

> 부식가게, 식육점, 술장사
>
> 안 해 본 장사가 없어

우도에서만 30년 동안 안 해 본 장사가 없다. 그때는 차가 없으니까
리어카로 물건을 실어날랐다. 이제는 배가 자주 다니지만, 그때는 시간을
딱 맞춰야 했다. 아들이 여섯인데 아이들 챙기고 나면 나는 조반도
건너뛰고 장사 준비를 했다. 옛날 호랑이 담배 먹던 시절 얘기지만 50년
전에 이 터를 삼천 원에 샀다. 집터랑 오토바이 장사하는 곳까지

포함해서 모두 우리 것이다. 처음에는 식구는 많고 돈은 없고 먹고는 살아야 해서 장사를 먼저 시작하고, 집은 나중에 지었다. 여기 와서는 사진관은 안 했다. 부식가게도 하고 식육점도 하고 술장사도 했다. 식육점을 할 때 똥돼지 잡으면 그거 먹으려고 사람들이 줄을 섰다. 그때는 600그램에 600원 할 때였다. 여기는 섬이다 보니 집에서 키운 똥돼지 아니면 살 수가 없는데, 그것도 정월 명절에 접으로 동네에서 먹으려고 하면 돼지를 살 수가 없다. 그래서 강진까지 가서 돼지를 사 와서 장사를 하다가 삼사 년 후에는 그만두었다.

부식 가게를 할 때는 김치도 팔고 통닭도 팔았다. 냉장고가 없으니까 아이스박스에 얼음을 담아서 물건을 보관했다. 얼음은 3일이면 다 녹아버렸다. 그러면 성산포수협 얼음공장으로 가서 한 덩어리를 사서 네 도막으로 자른다. 한번에 하나씩 네 번을 지어 나른다. 성산포에서 우도로 가는 배가 하루에 서너 번 운행했는데 4시면 마감된다. 그 배를 타고 와서 다시 리어카로 가게까지 옮긴 다음에야 장사를 했다.

성가 외가로 유래 전득된
'삼불도조상'

병원도 없던 옛날에도 아기 낳는 것, 그중에서도 아들 낳는 것을 귀한 일로 알았다. 우리 성할아버지는 불도일월[75]을 모셨는데 아기를 못 낳는 집이 있으면 할아버지를 모셔 갔다. 또 어릴 때 보면 정월이 되면

---

75   제주도에는 집안으로 전해오는 조상신이 있는데, 이를 '일월조상'이라 한다. '불도 일월'은 아이를 점지하고 기르는 삼신과 비슷한 성격을 지닌 산육치병신이라 할 수 있다.

할아버지가 스님처럼 두루마기를 입고 조왕제를 하러 다녔다. 조왕제는
일 년 동안 무사하라고 지내는 것이다. 우리 아버지는 책불일월[76]을
모셨다. 어릴 때여서 할아버지 이름은 기억이 안 나고 아버지 이름은
송순삼이다. 외할망은 애기 낳을 때 아기를 받아내는 삼승할망이었다.
그러다 보니 나는 심방은 아니지만 성가 외가로 '삼불도조상'을 모시고
있다.

33세 되던 해에 조상이 들려 나오라고 했지만 내가 나가버리면 집안
모양새도 아이들도 엉망이 될 것이기 때문에 질끈 참았다. 대신 집에
할망상을 차려서 찬물 세 그릇을 떠 올리고 있다. 우도에 온 이후에
그렇게 차리고 모시기 시작했다. 부엌에 있는 조왕에 초 켜는 것은 매일
하고, 방 안의 할망상에는 초사흘 초이레 열사흘 열일뤠 등 한 달에 열
번 이상 찬물을 갈아 올린다. 명절에는 과일만 올리고, 칠석날은 메를
해서 올린다. 칠석은 우리가 편안하기 위해서 칠성불공을 올리는
것인데, 정월 칠석과 칠월 칠석 두 번 한다. 한번은 할망상에 초를
켜두었는데, 고양이가 넘어뜨려서 불이 난 적이 있다. 그래서 다시
차렸다.

집안에 바다에서 돌아가신 분이 서너 명 된다. 아버지, 큰시아주버님이
바다에서 죽었고 시누이도 일본으로 돈 벌러 갔다 죽었다. 그런데 우리
남편은 배는 불타도 사람은 살았다. 요왕에서 돌아가신 분이 있으면
사촌이나 이녁 딸이나 한두 사람을 꼭 데리고 간다. 그런데 우리는 그런
것이 없다. 내가 죽은 영가들을 위해 지를 드리고, 한 달에 한 번
지극정성을 하기 때문이다.

---

76   책불일월은 '책을 본 조상'이라는 뜻으로 사주나 풍수 등과 관련된 직업을 가진 집안
      에서 주로 모신다.

조상에 정성
들인 덕

나는 심방이 아니기 때문에 일 년에 한 번 심방을 청해서 조왕제를 한다.
우도에 심방으로 다니는 남자어른이 있는데, 그분이 와서 조왕제를 하고
제단에 차린 물건을 갈아놓기도 한다. 정월이 되어 제주시나 다른
곳에서 친척들이 찾아오면 액막이는 직접 해준다.

딸이 하나다 보니 내가 친정어머니의 덕을 많이 보고 살았다. 애기들
키울 때 옷도 한 벌 못 사고 살았는데 어머니가 많이 보살펴주었다. 그
고마움으로 어머니 돌아가시고 17년 동안 어머니 생일에 음식을 차려서
신산리 산소에 찾아가고 있다. 9월 초닷새 어머니 생일에는 어머니가
생전에 좋아하시던 닭을 준비해서 간다.

나도 이제 몸이 아파서 몇 년 지나면 치워버릴까 하는 생각이 들다가도,
죽을 때까지 찬물이라도 떠 놔야지 하는 마음이 더 생긴다. 지금까지도
조상에 정성 들인 덕으로 자식들이 건강하게 사는데, 내가 저걸 싫다고
안 하면 안 된다. 몸 성할 때까지는 마음으로 할 생각이다. 나의
정성으로 아들이 8남매라도 병원에 한 번 안 가봤다. 남들을 위해 하는
것은 아니고 형제간이나 가족들을 위해서 한다.

나는 남한테 뭐라도 안 주면 못 사는 사람이다. 다 베풀고 산다. 나는
염라대왕을 세 번 본 사람이다. 저승사자가 나를 데려갔다가 저승
입구에서 내쳐서 다시 살아 왔다. 거기 가면 염라대왕이 가운데 앉아서
잡아온 사람을 심문한다. 꿩 대신 닭이라고 저승사자들은 누구라도
데려가야지, 어디 분부라고 거역할 수가 없다. 만약에 물에 빠진 사람이
살려면 구조하러 갔던 사람이 죽는다. 그러니까 그런 거 저런 거 알기
때문에 그저 콩 한 방울이라도 다 주고 산다.

얼굴도 모르는 아버지 강관순과
〈해녀의 노래〉

- 강길여(전흘동, 1942년생)

올해 78세로 전흘동에서 태어났다. 아버지가 〈해녀의 노래〉를 만든
강관순[77]이다. 천진동 포구에 노래비가 세워져 있는데, 노랫말이
애절하다. 아버지가 유명해도 나는 아버지 얼굴도 모르고 자랐다.
아버지가 6월에 돌아가시고 10월에 내가 태어났다. 언니는 두 살 때
홍역으로 죽고, 오빠는 네 살 때 우도를 떠나서 함경북도 청진에 가서
여섯 살 때 홍역으로 죽었다. 아버지가 그때 병중이셨는데, 오빠가 죽자
더 악화되어 돌아가셨다고 한다. 오누이를 홍역으로 보내고 남편도

---

[77] 일제강점기 제주 출신의 항일운동가. 우도에 있는 사립 영명의숙(永明義塾) 4년 과
정을 마치고, 1926년 3월 제주공립농업학교를 졸업하였다. 영명의숙 교사로 재직하
면서 계몽극을 만들어 공연하고 야학에서 문맹 퇴치 운동을 하였다. 1931년 3월 조
선공산당원 신재홍(申才弘)·오문규(吳文奎)·문도배(文道培)·김시곤(金時坤)·김성오
(金聲五) 등과 함께 사회주의 항일 단체인 혁우동맹(革友同盟)을 결성하였다. 1931
년 6월 신재홍의 권유로 제주도 야체이카(사회주의 운동의 세포 조직)의 당외(黨外)
기관원으로 가입하였다. 또한 김성오와 함께 고자화(高子華) 집에서 고봉준(高奉
俊)·고원한(高元瀚)과 회합하여 적(赤)이라는 당외 기관을 만들었다. 당시 강관순은
연락부원, 김성오는 청년부원, 고원한은 여성부원, 고자화는 농민부원을 맡았다.
1932년 1월부터 구좌읍에서 해녀항쟁이 일어나면서 비밀 결사가 탄로되어 관련자들
이 일본 경찰에 체포되었다. 당시 체포된 인물은 강관순을 비롯하여 김성오·신재홍·

돌아가시고 제일 못난 내가 어머니의 몫이 됐다. 어머님께 옷 한 벌 못 해 드린 것, 먹을 것도 한번 제대로 못 차려 드린 것을 생각하면 가슴이 막힌다.

나는 23세에 같은 동네에서 결혼을 했다. 부산에 가서 3년 물질을 했다. 충청도에도 몇 년 다녔고, 강원도, 전라도에도 갔다. 또 홍콩에도 3년 다녀왔다. 한국 사람이 가서 성게를 잡아 일본으로 수출하는데, 여기 해녀를 일 년에 4명씩 모집해서 간다. 우리 시누이가 통영에 살면서 잠수업을 하는데, 그렇게 연결이 되어서 돈벌이를 갔다. 한 30년도 전의 일이다. 여기서 살면 매일 물때 되면 물에 가고, 바다에 갔다 오면 밭에 가고 하면서 너무 바쁘게 살았다. 이제는 아프지만 않으면 다행으로 생각하고 살고 있다.

친구들과 공책값 벌면서 다닌 국민학교

여섯 살 때부터 바로 앞 선창가에서 친구들과 장난치며 놀다가

우봉준(禹奉俊)·이두삼(李斗三)·고자화·정찬식(鄭贊植)·공덕봉(孔德奉)·고기창(高基昌)·강희준(姜熙俊)·양봉윤(梁奉潤)·윤대홍(尹大弘) 등이었다. 1933년 2월 광주지방법원 목포지청에서 징역 5년형을 선고받아 항소하였고, 1933년 6월 대구복심법원에서 「치안유지법」 위반으로 징역 2년 6개월 형을 선고받아 옥고를 치렀다. 출옥 후 일제의 감시를 피해 만주로 갔다가 고문 후유증과 옥중에서 얻은 병으로 1942년 청진에서 사망하였다.

문학적 재능이 뛰어나 옥중에서 〈해녀의 노래〉를 작사하였다. 〈해녀의 노래〉는 항일운동가(運動歌)로 널리 불리었을 뿐만 아니라 제주 전역과 다른 지방에 나간 해녀들에 의해서 전국적으로 보급되어 오늘날까지 전해진다. 2005년 3월 건국훈장 애족장이 추서되었으며, 1996년 제주특별자치도 제주시 우도면 우도의 선착장에 시비(詩碑) 〈해녀의 노래〉가 건립되었다. (출처: 한국학중앙연구원 향토문화전자대전)

자연스럽게 헤엄치는 법을 배웠다. 그때부터 물속에 들어가서 숨 참는 법도 배우고, 국민학교 3~4학년 때는 우뭇가사리를 채취하기 시작했다. 부모들이 워낙 흉하게 살았으니까 공책값이라도 벌려고 선생님께 조퇴시켜달라고 하면 으레 선생님들이 조퇴를 시켜줬다. 그땐 고무옷이 없어서 한번 물에 들면 우미 채취했다가 불 쬐었다가 또 몸이 좀 녹으면 다시 들어갔다. 만약에 네 번 물에 들어가서 해오면 구덕에 우미를 채워 오는데, 어머니께 칭찬들으려고 우미를 누르지 않고 살짝 올려서 많아

보이게 해서 왔다. 국민학교 6학년 땐 그렇게 우리대로 공책값은 벌며 다녔다. 그때부터 시작한 것이 지금까지 해녀일을 하고 있다.

옛날에 할머니들이 우리 보고 '깡패 깡패' 했다. 어릴 때 또래 친구들이 대여섯 정도 되었는데, 바닷가에 가서 할머니들이 캘 것을 먼저 해버리고 하니까 "이 깡패들아 깡패들아" 한 것이다. 그때는 친구들과 재미있었다. 우미도 하고 바다에 있는 듬북이 하늬바람에 이쪽으로 밀려오면 그것을 주워다가 밭에 거름도 하고 그렇게 부지런하게 살았다. 국민학교 졸업하고 중학생 정도 되면 물에 들어가서 소라도 잡는다. 누가 안 가르쳐 줘도 자동으로 그렇게 되어간다. 여기서는 딴 게 할 게 없으니 다 해녀가 된다. 당시에 2학년 둘, 3학년 셋, 여자 중학생이 다섯이었는데, 나도 그때 1학년에 들어가서 7개월 다니고 그만두고 말았다. 몸이 아파서 일학년을 다 못 마쳤다.

얼굴도 모르는 아버지와
고생만 하다 가신 어머니

어머니도 전흘동에서 나고 전흘동에서 결혼을 했는데, 아버지가 16세이고 어머니가 18세였다. 아버지는 농업고등학교를 다녔다. 그땐 여기서 풍선을 타고 종달리에 가서 보리쌀 걸머진 채로 시에까지 걸어가서 학교에 다녔다고 한다. 우도의 영명의숙에서 교사로 있을 때는 연극 공연도 하고 밤에는 야학에서 한글도 가르쳤다. 아버지가 이수일 역을 맡고 딴 후배분은 심순애로 해서 연극을 한 적이 있는데 그걸 보고 할머니들이 울었다고 한다.

우리 어머니하고 벗이 물질하면서 물건을 잡아 오면 생산해 오는 것은 많은데 일본 사람들이 저울도 속이고 값도 잘 안 주고 착취해 갔다.

아버지가 그것을 보고 야학소를 차려서 해녀들에게 한글을 가르치기 시작했다. 우리 아버지와 뜻을 같이하는 분들이 세화, 하도, 종달, 평대까지 퍼져 있어서 한번에 모일 때가 있다. 저기 분들이 우도에 오면 우리 어머님이 밥을 해 드리고, 우리 아버지와 우도분들이 나가면 하도리 오문규 어른네 집에 가서 살면서 밥 먹고 거기서 활동했다. 항일운동을 하다가 일본 경찰들이 워낙 심하게 찾아다니니까 청진으로 갔다. 거기 가서 폐병으로 돌아가셨다. 청진에서 항해사 시험을 쳐서 여기 이웃에 사시는 분하고 두 분이 합격했다. 우리 아버지는 돌아가시고, 그분은 항해사가 되어서 일본 무역선을 타며 자식들을 공부시키고 성공했다. 어머니는 아버지를 화장시키고 만삭의 몸으로 아버지 후배들과 같이 아버지 유골을 모시고 우도까지 왔다. 그대로 맨손으로 돌아온 어머니는 우도에 와서도 고생고생 많이 했다. 밥도 쌀을 불려 먹으려고 바다에 가서 해초를 뜯어다가 쌀에 같이 섞어서 해 먹었다. 지금 내가 살고 있는 집 자리가 우리 어머님이 청진에서 와서 살던 조그만 오막살이였다. 어머니가 돌아가시고 난 후에 내가 집을 고쳐서 이렇게 살고 있다.

속에 털 날 정도로
못 먹고 산 세월

이 동네는 특히 땔감이 모자랐다. 세화리나 하도리, 종달리까지 가서 둘이면 둘, 셋이면 셋이 방 하나를 얻어 놓고 새벽 3시쯤 일어나서 숲이 우거진 데 가서 나무를 한다. 끈으로 쓰려고 칡을 끊어서 허리에 감고, 나무를 한 움큼씩 한군데 정해서 가져다 놓는다. 사방으로 다니면서 나무를 해서 칡을 세 군데 놓고 나무를 올리고 당겨서 묶는다. 그것을 두

짝을 만들어서 배 타는 곳까지 옮긴다. 한 짝을 먼저 가져다 놓고 다시 나머지 한 짝을 옮기고 그렇게 반복해서 해변까지 지어 날랐다.

배고프면 남의 밭에 가서 무도 뽑아서 먹고, 어두워져서야 집에 돌아와 밥을 지어 먹었다. 그렇게 바닷가에 쌓아 놓으면 남자들이 풍선을 빌려서 우도로 싣고 간다. 나는 어머니하고 둘만 살아서 땔감도 그렇게 모자라지 않았는데, 욕심으로 그랬었다.

곡식이 워낙 어려워서 고구마를 주식으로 많이 먹었다. 썰어 말린 빼떼기를 가루로 만들어서 뜨거운 물로 반죽해서 수제비를 만들면 요즘 음식과는 비교도 못 하게 맛있었다. 또 고구마, 밀가루, 메밀가루로 범벅도 해 먹었다. 어머니는 자리젓을 만들어 놓았다가 메밀 날 때가 되면 이모님이 살고 계신 송당으로 가서 메밀과 바꿔온다. 고기는 어쩌다가 부잣집에서 한 90킬로쯤 키운 돼지를 잡아서 몇 사람이 추렴해서 먹기도 했는데, 우리는 그런 것은 구경도 못 했다. 양쪽 부모가 있는 사람들은 먹을 것도 좀 다른데, 우리는 홀어머니 밑에서 살다 보니 먹을 거 안 먹고 그렇게 살아왔다. 남자들은 집에 빚이 있더라도 고기도 사다 먹고 하는데 여자들은 그렇게 못 한다. 우리는 속에 털 날 정도로 뭘 못 먹고 살았다. 돈 있어도 먹고 싶어도 못 먹고 살았다.

남편 없어도 시부모님,
어머님 병간호하며 살아온 22년

- 김용산(서천진동, 1931년생)

올해 90세로 결혼 전까지 영일동 부둣가 개맛[78]에서 살았다. 여섯 살
일곱 살에 히기 시작해서 열 살 정도가 넘어서 물질을 시작했다.
처음에는 어머니가 테왁을 만들어 줬다. 아버지는 내가 세 살 때
술병으로 돌아가시고, 아들 둘에 딸 하나를 어머니 혼자 키웠다.
큰오빠는 일본에 가서 공장 차려서 잘 살았고, 작은오빠는 광주에서
경사로 있다가 퇴직했다. 어머니는 우도에 있는 내가 백 살까지
보살피며 살았다.

20세에 서천진동으로 시집을 왔다. 그때는 연애가 없고 전부 중매
결혼을 했다. 결혼할 시기가 되니까 부모님이 하라는 대로 따랐다.
남편과 결혼해서 산 지 얼마 지나지 않아 6·25 전쟁이 터졌다. 남편은
군대에 갔다가 작은 각시를 얻어 육지에 눌러앉았다. 나는 딸 하나를
낳아 길렀다. 남편과 작은 각시 사이에서 아들이 태어났다. 남편은 그
아들을 키워주면 각시는 보내겠다고 했지만, 내가 싫다고 했다. 남의

---

78 '갯머리'의 제주어.

아기를 맡아서 기르다가 잘 안 크면 그 원망을 감당할 수 없었다. 낳은
사람이 키우라고 털어버리니까 그때부터 그 아기 키우면서 또 낳고 또
낳고 하다 보니 아들만 셋을 낳았다. 자기는 자기대로 살고 우리는
우리대로 살았다. 남편은 74세에 돌아가셨다.

시아버지, 시어머니, 친정어머니
병간호하며 지낸 22년

이 집은 시부모님이 옛날에 마루도 안 놓고 그대로 작대기 받쳐서 풍채[79]
해서 살던 것을 내가 몇 번을 고쳤다. 시집왔을 때는 전기도 없을 때여서
호야불[80]을 켜고, 밥을 해 먹을 때는 보릿대나 조칩(조짚), 촐[81] 비어다
말린 것으로 불을 피웠다. 우리 집은 동네에서 두 번째로 새미[82]를 파서
사용했다. 지나가던 사람도 들어와서 시원한 물에 목욕하고 가고, 물
뜨러 안 다니고 빨래도 집에서 했다.

남편은 여기 안 살고 한 번씩 왔는데 말도 하기 싫었다. 아들딸 키울 때
생활비를 보태주기는커녕 내 생활비를 가져가지 못해서 애를 태웠다.
그러다 보니 자연 싸우기 마련이었다. 자기네만 못 살고 나는 잘살고
있으니 돈을 달라고 했다. 매번 싸울 수가 없어서 그냥 말을 안 했다.

시집을 안 살고 일본으로 가려고 한 적이 있었다. 오빠가 있는 일본으로

---

79   제주 전통가옥의 지붕 아래에 비 등을 막기 위해 치는 '차양(遮陽)'.
80   아래쪽이 평평하고 위쪽은 둥그런 양철 석유통에 큰 심지가 있고 그것을 둘러싼 둥
      그런 원형 유리관이 딸린 석유등불.
81   '촐'은 짐승이 먹는 꼴을 뜻하기도 하지만, 제주에서는 풀이라는 넓은 의미로 사용되
      기도 한다.
82   우물.

가겠다고 하니 오빠가 오라고 했다. 하지만 소식을 듣고 남편이 와서 못 가게 막았다. 그 이후로는 부모들만 모시고 살았다. 지금은 다 돌아가셨지만 나는 시아버지가 술 잡숫고 해도 남에게 싫은 소리 한번 하지 않고 살았다. 남들이 시아버지 시어머니 말하면 우스워 보였다. 평생 시부모님에 대해 말을 해본 적이 없고, 시부모들도 날 아껴주었다. 친정어머니가 젊었을 때는 영일동에 살았는데, 시부모님이 돌아가신 뒤에 우리 집으로 모셔왔다. 친정어머니는 다리가 불편해서 걷지를 못해 바깥출입을 전혀 못 했다. 방 안에서 11년 동안 똥을 받아냈다. 요즘은 어디 요양원이라도 있지만, 그때는 그런 곳도 없으니 내가 직접 모셨다. 시아버지 4년, 시어머니 7년, 친정어머니 11년 해서 한 20년 넘게 노인들만 모시고 살았다. 그렇게 하다 보니 좋은 세월 다 보내고 늙어버렸다.

며느리 따라 우도로 돌아온
시아버지 영가

시어머니가 돌아가시고 거제도에서 부자로 사는 아들이 시아버지를 모셔 가겠다고 했다. 걷지 못하는 분을 업어서 모셔 갔다. 시아버지는 나에게 "나가 석 달만 돌앙 살아봐사 지네도 니 고생 하는 거 알 꺼라[83]. 나가 똑 석 달만 저것들 고생시켜서 오켜." 했는데, 거기서 갑자기 돌아가시고 말았다. 거제에서 장례를 마치고 와서는 몸이 자꾸 아팠다. 아이도 편안하지 않고 나도 편하지 않았다. 어디 가서 물으니 하르방이

---

83 나와 석 달만 같이 살아보면, 아들네가 며느리 고생하는 것을 알 것이라는 뜻이다.
84 거리다: 뜨다.

같이 따라와서 나 손에 꼭 물 거려⁸⁴ 놓은 거 먹으려고 한다고 했다. 그래서 1년 동안 매일 물 떠 놓고 한 달에 두 번 초하루와 보름에 밥과 제숙을 올렸다. 그렇게 하고 나니 다시 편안해졌다. 소상 먹으러 갔을 때는 "아버지 나 가는 데로 따라옵서. 나영(나와) 한데 붙어가게. 일 넹기러(넘기러) 감시면(가면) 나 따라옵서." 입담으로 해서 소상을 치르고 왔다.

사서 고생했던
젊은 시절

나도 물질을 잘했다. 구젱기⁸⁵도 잡고 전복도 잡고 미역, 우미, 바당에 나는 것은 다 잡았다. 육지는 가면 전복하고 소라 잡고, 부산에서는 합자⁸⁶ 같은 것을 잡아서 그날그날 팔았다. 부산으로 충남으로 울산으로 충청도, 경상도, 전라도로 안 간 곳이 없다. 한라산이 보이는 전라도 삼도에서도 물질을 했는데, 부산 송도에서 배를 타고 스무 명 정도가 이 바다 저 바다를 다니며 물질을 했다. 육지 물질 다녀와서 밭 두 개를 샀다.

그전에는 3~4천 평 밭농사를 지었다. 혼자서는 못 하고 놉을 빌려서 많이 했다. 고구마, 쪽파, 콥대사니⁸⁷ 마늘, 패마농⁸⁸ 그런 거 다 심고, 보리도 갈고, 막 옛날에는 조도 갈았다. 소도 길렀다. 소 먹을 촐 해다가

---

84 소라.
85 자연산 홍합.
86 마늘의 제주어.
87 파의 제주어.

마당에 눌어놓고[89] 고구마줄기 해다가 겨울에 먹었다. 여름에는 농사 안 짓는 동산 같은 데 매어 놓고 소를 길렀다. 그때는 집에서 소를 보통 서너 마리나 댓 마리 길렀는데, 나는 두 마리밖에 못 길렀다. 농사를 많이 하는 사람은 소가 있어야지 밭농사를 지었다.

남들은 80세 넘어서까지 물질을 하지만, 나는 70세 조금 넘어서 그만두었다. 딸이 밭일도 못 하게 하고 물질도 못 하게 해서 그만두고 제주시에 가서 5년 정도 살았다. 손자들이 크는 동안 시에 가서 아이들 밥해주며 지냈다.

이제 늙어 생각해보니 그런 명청이가 없다. 편안하게 살면 되는데 뭣 때문에 욕심을 부려서 남 한다는 것은 다 하면서 고생을 했는지 모르겠다.

밭 하나는 팔아서 딸들에게 나눠주었다. 나에게는 낳지 않은 딸이 하나 있는데 그 딸이 지금까지도 참 잘한다. 그 딸에게 소도 한 마리 주었다. 그 딸은 제주 아이인데 거제도에 갔을 때 데리고 왔다. 어머니가 정신없이 다녀서 얻어먹지도 못하고 다니던 것을 여덟 살에 우도로 데려와서 공부시키고 길렀다. 지금도 내가 낳은 딸보다 더 잘한다. 그 딸은 71세고 내가 낳은 딸은 61세다.

---

89 농작물을 차곡차곡 쌓고 그 위에 지붕을 만들어 덮은 것을 '눌'이라고 하는데, 눌어놓 았다는 것은 눌을 만들어 저장했다는 것을 말한다.

남편은 잠수배 선장,
나는 해녀로 다녀온 육지 물질

- 한연옥(주홍동, 1937년생)

올해 84세로 동천진동에서 태어났다. 친정어머니도 워낙 못 사니까 돈
벌어온다고 18세부터 객지 생활을 했다. 충무에 살던 고모가 해녀배를
했다. 고모가 있으니까 내가 가서 한번 해보겠다고 한 것인데, 이런
물애기 같은 거를 보냈다고 난리를 쳤다. 그래서 고모에게 내가 왔지
부모가 보낸 것이 아니라고 했다. 1960년 결혼 전까지 4년 정도 충무에
물질을 다녔다.

단발머리에 앳된 얼굴이었지만 작업은 잘했다. 그러니까 고모가 "아이고
이러큼 하니까 이 아이가 왓구나." 하고 마음이 변했다. 충무에서 목을
건너려면 물살이 세어서 올라가려고 하면 한참 노를 저어야 했다. 내가
그렇게 노를 잘 젓고 그때부터도 야무졌다. 어릴 때부터 객지 생활을
하다 보니 야무질 수밖에 없었다. 우리 고모부가 아파서 일을 잘 못
했다. 그러면 작업 다녀와서 풍선에다가 물건을 싣고 가서 객주한테
팔고 계산해서 왔다. "벙어리도 삼 년 살면 말이 통한다고 나가 계속
거기를 4년 동안 다녔어. 멍청할 수가 없지."

머리는 똑똑했지만 국민학교도 다니지 못했다. 당시는 일본 군인들이

하얀 모살[90]에 와서 폭탄 터뜨리고 하던 시절이라 공부를 할 수가 없었다. 고모 아들인 사촌오빠가 그렇게 영리한 사람이었다. 내가 작업 갔다 오면 "연옥아 너 공부를 이렇게 못하면 어떻게 장래 살아가냐."라고 하면서 오빠가 공부를 가르쳐주었다. 한글도 배우고 구구단도 배웠는데, 내가 영리하니까 몇 번 안 해도 다 통했다. 길거리에 다니면서도 구구는 얼마다 계산을 하고 그렇게 하면서 깨달은 것이다. 여기 사람들은 옷이 있길 하나, 그냥 두리뭉실하게들 차리고 다녔다. 나는 잘 차려입고 싶어도 어머니에게 한 푼이라도 벌어다 주려고 아꼈다. 하얀 저고리에 까만 치마, 반코트 해서 입으면 몸매도 날씬하고 우도에서는 최고였다.

스물다섯 살 전에는
절대 시집 못 가

친구들은 다 가도 나는 절대 스물다섯 전에는 시집을 안 간다고 했다. 장가올 사람은 줄을 서도 나는 결혼을 할 수가 없었다. 좋은 사람이든 궂은 사람이든 나는 우리 어머니네가 못 사니까 스물다섯까지 기다리라고 했다. 그때는 그 나이까지 기다려 줄 사람이 없었다. 스무 살만 넘으면 다 시집을 가고 처녀가 없었다. 남편으로부터 중매가 들어왔지만 기다리라고 했다. 막상 결혼을 하려고 보니 우리 집도 못 살았는데 남편도 아무것도 가진 것이 없었다. "남의 속을 울리면 돼나. 내가 어디 가서 잘살면 모르지만 못살면 웨 남을 속 아프게 하면서 나가 사나. 인생 사는데 얼마 산다고." 그런 생각을 했다.

90 모래.

18세부터 23세까지 벌어다가 어머니를 주고, 24세에 벌어서 섣달 보름날 시집을 가게 되었다. 스물넷에 시집을 갈 건데 남편이 군대에 배치되는 바람에 스물다섯 나서 가게 됐다. 나도 친정이 없어서 다 벌어다 친정어머니 주다 보니 그해 일 년 벌어서 시집을 오려고 하니 돈도 가져올 것도 변변치 않았다. 이부자리 두 채쯤 하고 궤 같은 거 하고 나대로 챙겨서 왔다.

남편은 잠수배 선장,

나는 해녀로 다녀온 충남 안흥

결혼 후에 1962년부터는 2년 동안 충남 신진면 안흥에 물질을 갔다. 남편은 해녀배 사공으로 함께 갔는데, 큰딸 희숙이를 데리고 작은딸 희순이는 임신한 상태였다. 해녀가 열 사람인데 위로부터 차례로 열 발 거리로 해서 해녀를 빠뜨리면, 추워서 금방 그 사람을 건져와야 한다. 작업을 하다가 8월이 되니까 우리 큰딸하고 나는 들어오고, 남편은 돈 벌어서 온다고 나중에 왔다. 남편과 내가 같이 다닌 것이 2년이고, 남편만 잠수배 선장으로 한림 해녀들과 다닌 것이 2년이다.
해녀들이 바다에서 물질을 하다가 늦, 솔치, 명치 이런 것에 쏘이면 독이 있어서 기절할 정도로 고통스럽다. 당시에는 그런 일에 대비해서 배에 비상용으로 아편 종류의 비상약을 가지고 다녔다. 혈관으로 주사를 놓으면 금방 통증이 멈춘다. 육지 사람들이 그것을 보고는 감기에 걸렸을 때 자기네도 주사를 놓아달라고 했다. 그러다 보니 배도 잘 몰고 주사도 잘 놓는 남편에게 '고 원장님 고 원장님' 하면서 방이랑 전부 내어 줄 테니 가족과 함께 이사하라는 제안을 하기도 했다.
4년 육지 물질을 다녀오고 남편은 배를 사고 싶어 했다. 하지만 바다에

놓은 재산이라 믿을 수가 없어서 반대했다. 당시에 소 값이 잘 나갈
때여서 소를 길렀는데, 팔 무렵에 값이 떨어져서 천만 원 정도 손해를
봤다. 그래도 부지런하니까 집도 사고 이천 평짜리 밭도 사고 그랬다. 나
혼자 할 수는 없고, 할아버지가 그만큼 노력을 했다. 남편하고 이렇게
같이 사는 사람도 드문데, 주홍동에도 세 사람 정도 된다. 결혼 50주년
금혼식 사진도 찍었다.

부모 고생 잊지 않는
고마운 아이들

우리 아이들이 똑똑하기도 하지만, 어머니 아버지 사는 것을 경험해서
그런지 부모한테 참 잘한다. 학교 다닐 때도 고구마 빼떼기
널어놓았는데 밤에 비 온다고 하면 걷으러 가고, 학교 갔다 와서
집안일도 하고, 물에질도 가고 그렇게 했다. 대구에서 기공소를

운영하는 큰아들은 군대 가기 전날에 수영할 줄 아니까 물에 들어가서 천초를 한 망사리 해다 놓았다. 그것을 보고 이장이 "너네 어머니가 하라고 하더냐, 너네 아버지가 하라고 하더냐." 하면서 욕을 하니까, "웨 우리 어머니 욕을 하느냐. 부모들 좀 도와주고 가면 안 돼냐."고 했다. 아이들이 아들이고 딸이고 다 착하다.

첫째는 마음을 곱게 먹고 베풀어야 한다. 그때 시절에 물건을 팔 때도 내 것이 빨리 팔리면 친구들 물건을 다 팔아주었다. 그러면 어른들이 "아이고 연옥이 저 큰집에 며느리로나 갈 거다."라고 했다. 그런데 큰며느리 고생한다고 막둥이한테 왔는데 고생만 실컷 하고 있다. 아이들도 어려서부터 남에게 미움받을 일 없이 자랐다. 학교에 가다 오다가 할머니가 버스에 오르게 되면 당장 그 할머니 버스 타는 것을 도와드리고, 자리 안내하고, 돈이 없어서 비실비실하면 내드리고 하면서 자랐다. 우리 큰아들이 지금 50세인데 내가 돈 쓴다고 하면, 어머니가 우리를 어떻게 키웠냐고 하면서 절대 못 쓰게 한다.

그 시절은 나도 남들도 말도 못 할 정도로 어려웠다. 물질하고 밭농사도 짓고 남의 밭에 품팔이로 지심(잡초) 매러도 다녔다. 기나긴 해에 종일 조밭 검질을 매면 조 한 말을 받았다. 그렇게 고생하고 노력한 덕에 이만큼 사는 것이지, 노력하지 않고서는 돈이 나오지 않는다. 60세가 넘어서 아들딸 결혼시키고 공부 다 시키고 영감하고 나하고만 사니까 걱정이 없다. 우도 어머니들은 강해서 코로나가 와도 안 걸린다. 너무 강하고 짠물에서 작업하고 하니까 걸릴 틈이 없는 것이다.

풍선에 실어온 대마도 삼나무로 지은
100년 역사의 집

- 고매화(삼양동, 1934년생)

올해 87세로 상고수동에서 태어나 동천진동으로 시집왔다. 결혼 후에
동천진동에서 얼마 살지 않고 세명동에서 2년, 주흥동 끝에 있는 집을
빌려서 5년 정도 살았다. 이후에 동천진동 집을 뜯어서 삼양동에 새로
집을 지었다. "우리집 내비덩 와그넹에. 여기 무사 와신고 허민 바다
따란 노미집이 살레완."[91] 바다가 좋으니까 먹고살기 위해 집도
버려두고 바다 따라 이사를 왔다. 동천진동은 바다에 물건이 없어
벌어먹을 것이 없었다. 그런데 삼양동은 우미, 미역도 많고 헛물[92]에
들어도 소라, 전복 등 잡을 물건이 많아서 소섬 안에서 최고였다. 이
동네 출신이 아니더라도 집만 있으면 바다에 들어갈 수 있었다.
우도 안에서도 제일 좋았던 삼양동 바다에서는 이제 우미가 나면 노랗게
썩어버린다. 반대로 주흥동은 옛날에 우미가 안 나던 곳이었는데 지금은
우미 조문을 가장 많이 하는 곳이 되었다. "나중엔 사람 늙어가듯이

---

91   우리 집을 버려두고 여기에 왜 왔냐면, 바다를 따라 남의 집을 빌려서 살았다는 뜻이
다. 삼양동 바다에 수확량이 많아서 집을 빌려 살면서 물질을 했다고 한다.

92   '헛물질'은 주로 전복이나 소라를 잡는 작업을 뜻한다.

바당도 늙더라고. 전흘동은 아무 것도 엇어 나신디 나중에 물건이 잘
나더라고. 우리 삼양동은 썩어버리면서 사람 늙어가듯이." 물건이 많이
나던 바다는 늙어버리고, 우미가 안 나던 바다는 썩지 않고 물건이 나는
것이다. 옛날엔 바다에 몸도 많이 나고 듬북도 많이 나고 감태 같은 것도
많이 나서, 감태 헤쳐가며 고동을 잡았다. 이제는 바다에 풀도 없고
소라도 잡아 오면 먹을 것이 없다.

물질하는 것이 좋지는 않지만 운동이 된다. 허리가 아파서 제주대학교
병원에 갔더니 수술도 못 한다고 했다. 수술이나 할 수 있을까 해서
서울로 춘천으로 알아보다가 춘천병원에 갔다. 의사가 "할머니 지금은
뭐하고 살아요?" 물어서 "물질허고 밭에서 일헴수다." 했더니, 밭일은
그만두고 물질은 다리 운동이 되는 것이니까 그것만 하라고 했다.
그런데 젊은 사람이 물질할 때 가니까 "할망 돈 잇인 걸로 돈 먹엉 물질
허지 맙서." 했다. 나를 생각해서 하는 말인 줄 알지만 섭섭했다. 그래서
작년부터는 물질을 하지 않는다.

순간 조물아도 돈 되던
우도 넙미역

15살에 물질 시작할 때는 우미와 미역을 많이 했다. 소섬에는 넙메역이
많이 나서 그거 조물아서 돈을 많이 벌었다. 큰 질구덕[93] 가득 미역을
담아서 물이 줄줄 흐르는 것을 지어서 오면 얼마나 무거운지 모른다.

---

93 '질구덕'은 물건을 등에 져 나르는 대바구니를 일컫는 제주어이다. 제주도에는 보통
육지에서처럼 머리에 짐을 이지 않는다. 제주도 아낙네들은 질구덕에 물건을 담고
등에 지고 다닌다. 특히 해녀들이 바다에 갈 때 그 안에 땔감, 테왁, 여러 가지 도구,
갈아입을 옷 따위를 담고, '질빵'으로 지고 다닌다. (출처: 한국향토문화전자대전)

넙미역 한 짐 지고 집에 오면 다리가 복싹하다.[94] 지금 생각하면
바닷가에서 미역을 말려서 집으로 가져왔으면 그렇게 얼먹지[95] 않았을
것인데, 그때는 집에까지 그 무거운 것을 지어온다고 고생을 했다.
미역은 순간 조물아도 돈이 됐다. 5월에 조 볼려서(밟아서) 마파람 불면
넙미역을 건지기 시작했다.

하우목동 바다에 들면 하얀 작지[96]에 미역이 붙어 있다. 고무옷도 안
입었을 때여서 추위에 떨면서 미역 작업을 했다. 나는 숨이 길지 않지만
넙미역은 했다. 미역이 얼마나 양이 많은지 다 안아서 나오지를 못했다.
"막 물 가가민 구렝이 기어가는 거 닮아. 부글부글부글 허면서이
데와지거든.[97] 페와질 땐 허는디 부글부글 헐땐 알 줍지 못헹 그치지
못허더라고."[98] 미역이 퍼질 때 손을 아래로 넣어서 호미로 두 번 정도
자르고 한 아름 안아서 나오는데, 물도 깊고 물살도 세어서 아무나 가지
못했다.

해적 만나서 병이 난 큰오빠,
아편 중독으로 고생한 작은오빠

자라면서 흉년이 두 번 들었다. 흉년이 들면 먹을 것도 없어서 파래
해다가 밥도 해 먹고, 톨 해다 밥 해 먹고, 고구마가루 넣어서 밥을 했다.

---

94 '복싹'은 '많이'라는 뜻의 부사로 주로 사용되는데, 여기서는 '많이 아프다'는 뜻으로
    쓰고 있다.
95 얼먹다: 큰 고생을 하다.
96 작지: 돌멩이.
97 미역이 물살에 흔들리며 꼬이는 모습이 구렁이가 기어가는 것처럼 보인다는 뜻이다.
98 미역이 퍼질 때는 괜찮지만 꼬일 때는 미역의 아랫부분을 잡지 못해서 끊어올 수가
    없다는 뜻이다.

고구마 삶아서 그걸로 때우기도 하면서 두 번의 흉년을 넘겼다. 조 같은
것은 태풍에 다 날아가고 땅에 든 고구마도 줄이 죽어서 고구마 새끼
요만한 것들만 남았다.

요새는 가스레인지가 있지만, 솥 걸어서 밥해 먹을 때는 소머리에
올라가서 태역[99] 깎아다가 불 지펴서 밥을 했다. 조코고리[100] 해다가
밥해 먹고, 방에도 땔 거 없으면 굴묵[101] 안에는 소똥으로 불을 지폈다.
소똥도 귀해서 남들이 주워가기 전에 닭도 울기 전에 주우러 다녔다.
그럴 때는 도채비가 나올까 무서웠다. 그때는 도깨비불도 자주 보였다.
종달리에서 도깨비불이 날아오다가 주흥동 가막동산까지 오면 두 개 세
개로 쪼개져서 돌아다닌다. 그러면 그 아랫집에 살던 할망이 "도체비불
보게." 하면, 모여서 구경했다. 삼양동에 이 집 지은 뒤에도 본 적이
있다.

우리 큰오빠가 큰 배의 마도로스 선장을 했다. 소섬 안에서 우리
오빠만큼 똑똑한 사람이 없었다. 아코디언, 하모니카 연주도 잘하고,
엄마 닮아서 노래도 잘했다. 또 피리 불면 처녀들이 반해서 연애도
걸었다. 일본, 홍콩 같은 데로 다니면서 좋은 양단 같은 것을 가져오다가
한번은 바다에서 해적을 만났다. 바다에 빠져서 배창에 매달려 있다가
해적이 가고 나서 올라와서 살았다. 그 뒤로 오빠는 병이 나서 노랗게
말라갔다. 병원에 가도 고치지 못하고 3년을 앓다가 내가 스물 나던
해에 돌아가셨다. 오빠 밑으로 집도 밭도 다 팔았다. 우리 어머니하고
올케가 물질해서 조카들에게 물려준 좋은 집을 샀다.

시집오기 전에 물질해서 집에도 많이 보탰다. 그 집 다 사고 난 다음에도

99   태역: 잔디.
100   조코고리: 조이삭.
101   굴묵: 아궁이.

셋오빠가 아프니까 아편을 했다. 올케와 둘이서 아편에 중독되어 계속
사서 하니까 집안이 망할 정도였다. 그때 우도에서 똑똑한 사람은 다
아편으로 망했다. 야메로 파는 것을 사다가 숟가락에 녹여서 맞았다.
여자들도 아프니까 그걸 떼지 못했다. 나도 많이 아플 때 가다오다 한
번씩 그거 맞았는데, 세상이 낙낙해지고 하나도 아프지 않았다. 너무
좋으니까 사람들이 중독이 되는 것이다.

대마도 삼나무로 지은
100년 역사의 집

시아버지와 시어머니가 대마도로 물질을 다녔다. 그때는 발동기가 달린
풍선을 타고 다녔는데, 우도로 돌아올 때 대마도에서 삼나무를 실어
왔다. 시아버지는 둘째 아들이어서 아무것도 가진 것이 없어서 집
지어서 살려고 대마도의 좋은 나무를 가지고 온 것이다. "우리 시어멍이
원허더라고. 나 죽고데고 이 집 폴지마랑 꼭 이 나무로 집을 지시렌
허더라. 그대로 짓엇어. 그뗀 소섬 안에서 둘차도 안 가서. 좋아서."
어머니의 말을 따라 그대로 지었다.
원래 상고수동에 있던 집은 성산 일출봉이 바라보이는 곳에 있었다. 지금
그 땅이 값이 많이 올랐다. 상고수동에서 집 지어서 산 것이 53년이고
삼양동으로 와서 새로 지어 산 것이 53년이다. 100년이 넘은 나무들이다.
원래 있던 집을 헐어서 새로 짓다 보니 처음 집보다는 좁게 지어졌다.
방문도 전부 일본 스기나무[102]로 만든 것이다. 백회를 칠한 것도 소섬
안에 두세 집밖에 없을 것이다, 우리 아이들도 이런 좋은 집 뜯지 말라고
한다. 겨울 나민 뜨시고 여름 나민 시원해서 에어컨 있어도 잘 안 튼다.
102 삼나무의 일본어 표기.

제2부

바다에 바친
삶과 신앙

제주도를 '일만팔천 신들의 섬'이라고 한다. 마을마다 하나 이상의 신당이 있어서
계절마다 신당에서 당굿을 하고, 좋은 일이 있을 때도 나쁜 일이 있을 때도 굿을 통해
신들에게 감사를 표했다. 하지만 이제 굿을 하거나 당에 가는 일이 미개함으로 보여지는
세상이 되고 말았다. 그럼에도 불구하고 제주도 문화의 중심부를 이루고 있는 것이
무속신앙임을 부정할 수는 없을 것이다. 제주무속의 가치는 칠머리당 영등굿과 제주
큰굿이 국가무형문화재로, 영감놀이와 송당마을제가 제주특별자치도 무형문화재로
지정되어 있다는 사실만으로도 알 수 있다.

제주도의 무속 의례는 상대적으로 중산간 마을보다 해안가 마을에 많이 남아 있다.
어부와 해녀가 있는 마을을 중심으로 영등굿, 잠수굿, 해녀굿, 풍어제 등의 이름으로
매년 굿을 하고 있고, 어부와 해녀 개인으로 진행하는 의례들이 있다. 제주해녀들은
바다라는 예측할 수 없는 자연 앞에서 풍요와 무사안녕을 기원하고, 가족의 건강과
자식들의 성공을 기원한다. 2월의 영등신에게는 영등굿으로, 바다의 용왕님께는
요왕맞이를 통해 기원한다. 또한 바다에서 죽은 고혼들도 잊어버리지 않고 지를 싸서
위로해준다. 정월이 되면 문전제를 통해 집안의 조왕신을 포함한 가신들을 위하고,
본향당 제일에는 당에 가는 것도 게을리하지 않는다. 해녀들의 일상은 이처럼 신앙과
연결되어 하나의 축을 만들어 가고 있다.

제2부에 수록된 글은
『제주도 해녀문화총서 I (조천읍·구좌읍)』(제주특별자치도·제주섬문화연구소, 2019) 중
해녀신앙과 해녀생애사 부분에서 8명을 선택해 정리한 것이다.
인터뷰는 2019년에 진행되었다.

물질 안 해도 된다고 해서
시집온 조천

- 김영자(조천읍 조천리, 1951년생)

태우에서 떨어진 멜 줍다 보니

늘어난 숨

　우리가 클 때는 배울 게 없었다. 지금처럼 발달된 시대가 아니고
어두웠던 시절에는 바다에만 다닐 줄 알았다. 친정인 월정은 모살[103]
지역이라 고도리[104], 멜[105]이 많이 들었다. 아버지네 가면 태우에 실어서
물건 담던 '고래'라고 하는 것이 있었다. 크게 짜서 그물을 담고 다니는
물건으로 맹탱이 닮은 것인데 정확한 이름은 기억이 안 난다. 정동으로
짜서 태우에 싣는데 양쪽으로 앞에 하나 싣고 뒤에 하나 싣고 그물 해서
나가면, 거기다가 잡은 것을 실어서 오곤 했다.
　멜이나 고도리를 푸다 보면 주변에 떨어진 것들이 깔려 있다. 그러면
떨어진 것 줍겠다고 수경도 없이 물속에서 눈을 뜨고 그걸 주워오는
것이다. 그걸 하다 보니까 헤엄을 치게 되었다. 또 태우를 몇 개 총총총

103　모살: 모래.
104　고도리: 고등어 새끼.
105　멜: 멸치.

매면, 한 사람이 테우 몇 개 넘느냐, 누가 숨이 더 기냐 하는 내기를 친구들끼리 하곤 했다. 테우를 몇 개 넘은 사람이 일등이라고 해서 그렇게 하다 보니 잠수를 하게 되었다. 어릴 때 그렇게 잠수 배워서 처음 물질 시작한 것이 19세다. 19살에도 해녀를 졸바로[106] 못 했다. 잠수복 입어 제라하게[107] 물질한 것도 19살부터이다.

19살에 처음으로 울산으로 물질을 갔다. 육지는 울산도 가고 통영도 갔다. 엄마가 장사를 했는데 내가 육지에 가버리니 혼자 장사하기가 힘이 들어서 제주도로 돌아오라고 해서 돌아왔다. 그 뒤로 어머니가 집 일도 바쁘니 육지로 못 나가게 했다. 열아홉 살에 처음 육지에 가서 한 2년 정도 물질하고 들어와서 월정서 하다가 조천으로 시집와서 43년째이다. 22살에 약혼하고 23살에 시집을 왔다. 월정에서 놀이하다가 자연스럽게 잠수를 하게 되었다. 제주도 여자들은 거의 다 그렇게 시작한다.

처음에는 물질하면서 엄마한테 원망도 많이 했는데 지금은 너무 행복하다. 우리가 이것을 안 했으면 어떻게 살았을까 그런 생각도 든다. 엄마한테 공부 안 시켜준다고 원망을 많이 했다. 우리보다 못한 집에서도 공부를 시켰는데 엄마는 그러지를 않았다. 중학교에 입학까지

---

106 졸바로: 똑바로.
107 제라지게: 모자람이 없이 정확하게 제대로.

했지만 어머니가 일을 시키기 위해 학교를 안 보냈다. 당시 영어 선생이었던 고모부에게 회비며 책값까지 3,700원을 술 사 먹으라고 해버렸다. 중학교를 못 가서 2년 동안 놀면서 어머니를 많이 원망했다. 2년 동안 친구들을 피해 숨어만 다녔다. 그 후에는 가려고 해도 나이가 많아서 못 다녔다. 5년 후배들과 같이 다니기는 어려운 법이다. 초등학교도 아기를 보다가 9살에 입학했다. 셋째 딸인데, 언니 둘이 해야 될 것을 막내인 나한테 시켜서 어머니 원망도 많이 했다. 몇 년 동안 일만 많이 했다.

물질 안 해도 된다고 해서
시집온 조천

형부가 남편을 중매하면서 하는 말이, 동네에서 착하다고 소문나서 처녀들이 며느리가 못 되어서 애가 닳는다고 했다. 조천은 관이니 여기로 시집오면 물질 안 한다고 해서 시집을 오기로 마음먹었다. 조천은 물질하는 것을 천하게 보아서 며느리들도 물질을 안 시켰다. 그런데 시집을 와서 보니까 환경이 물질을 안 할 수가 없었다. 조천에서 물질하는 사람들은 모두 외지에서 시집온 사람들이었다. 본토박이는 한두 분 정도이고 모두 타지에서 오신 분들로 대부분 동쪽에서 시집온 사람들이었다.

그런데 지금은 잘했다고 생각한다. 다른 데서 시집온 사람들도 여기 집안이 좋으면 물질을 안 한다. 시집오기 전에 물질을 잘하던 사람도 여기로 시집와서 물질을 안 하는 경우가 많았다. 어떤 사람은 시어른들이 물질을 못 하도록 막는 경우도 있었다. 조천에서는 특히 남자어른들이 물질을 못 하게 했다.

조천은 본 동네가 4개 동, 웃동네가 양대못, 신안동, 봉소동 해서 3개
동이다. 동네 사람만 물질을 할 수 있고 위쪽 사람들은 못 한다. 바다
인근에 사는 사람들만 물에 들 수 있다. 옛날에는 까다로워서 다른 곳에
살다가 조천으로 이사 오면 3년이 되어야 어촌계에 가입이 가능했다.
하지만 이제 젊은 사람이 없다 보니 작업을 하고 싶어서 어촌계에
들어오고자 하면 기본 얼마를 내면 된다. 그런데 지금 젊은 사람들은
물질을 하려고 하는 사람이 없다. 이런 기본적인 내용도 동네마다
어촌계마다 다르다.

결혼 후 돈 벌 욕심에
더 잘하게 된 물질

작업은 아가씨 때부터 못하는 편은 아니었지만, 돈 버는 데 욕심이
생겨서 결혼해서는 더 잘하게 되었다. 친정 동네인 월정은 전부
해녀였다. 이제는 나이가 들어서 못하는 분이 많지만 거기는 다 잘하는
사람이었다. 조천에는 잘하는 사람이 없었다. 월정보다 물질하는
실력이 떨어졌다. 그러니까 먼바당 타는 사람들이 별로 없었다. 그래서
그냥 물에 가면 항상 새바당 타고 새바당 타고 했다. 젊고 잘하고 하니까
깊은 데를 잘 들어가고 숨도 엄청 길었다. 다른 사람들이 세 번 나올
동안에도 한 번도 안 나왔다. 숨이 한번 들어가면 1~2분은 충분히
견딜 수 있었다.
작업하는 것도 보면 폐랑 신체 조건을 타고나는 것이다. 엄마가 잘하면
딸들도 잘하는 경우가 많다. 모든 게 유전적인 부분이 있는 것 같다.
심방들도 보면 소미 밑엔 소미만 나고 큰심방 밑엔 큰심방이 난다.
소미로 안 다니고 바로 큰심방을 하는 사람도 있다. 우리

작은할아버지의 작은 마누라로 온 분이 큰심방이었는데, 그분의 애기가
하생이 고모다. 함덕 영숙이는 성할머니가 애기 받고 애기 넋들여주고
하는 삼승할망이었다. 작은할머니의 딸들도 어머니의 팔자를 닮아서
힘들어했다. 나를 찾아와서 하소연하기도 했다.

조천은 4개 동인데 헛물에는 함께 한다. 소라, 성게 잡는 것은 4개 동이
통합해서 하고, 톳하고 우뭇가사리는 4개 동이 나누어서 한다. 상동,
중동, 중상동, 하동 해서 옛날부터 구역을 정해서 한다. 상동은 흐리내깍
반까지, 중상동은 흐리내깍 반에서 방파제 반까지, 하동은 양식장 큰반,

그 나머지는 중동인데 신흥 경계까지이다. 중동바다가 신흥 경계부터 시작된다.

썩은 바당에는 소라도 없고,

해녀들은 상군 똥군 구분도 없어

조천바다는 발전소 오기 전에 먼바다 나가면 감태도 깔렸고 소라도 아주 깔렸었다. 그런데 발전소가 오면서 5년 전까지는 피해가 없었다. 지금은 한 20년이 되다 보니까 그냥 바다가 황폐해졌다. 발전소 반경 5킬로까지 피해가 간다고 한다. 관곳도 물건을 망사리 가득 실어 오던 곳이었는데 지금은 한 개도 없다. 그나마 한 5m 가에만 물건이 조금 있고, 10m 이상 나가면 아예 없다. 소라가 전부 기형이 되어버린다. 소라가 껍데기만 있고 완전 맨들락하게(밋밋하게) 뿔이 없어진다.

연구원에서는 이렇게 설명했다. 모든 사람이 밥 먹으면 운동을 하듯이 소라나 전복이 활동하려면 바닷물의 수온이 맞아야 한다. 그런데 그 뜨거운 물을 식혀서 내보내지 않고 뜨거운 상태로 내보내니 소라나 전복이 활동을 멈춰버렸다는 것이다. 365일 100도 이상 끓는 물을 계속 내보내니까 아예 활동을 못 해서 거기서 다 죽어가고 그래서 없어지는 것이다. 모든 생명들이 활동을 해야 성장률이 높을 건데 그런 것이 전혀 없다는 것이다. 먹이도 없고 아무것도 없으니까.

그래서 이젠 상군 똥군 구분이 없다. 특히나 조천 바당은 안으로 들어와 있다. 그러니까 삼양이 피해를 보는 게 아니라 조천이 피해를 본다. 직접적인 피해를 보는 것은 삼양이 아니라 조천이다. 바다가 안으로 들어와 있어서 물 순환이 안 되기 때문이다. 조천은 물이 들어오면 나가지를 못한다. 그래서 잡을 게 없어서 너무 힘들다. 상군 똥군 없이

다 가에서만 한다. 할머니들도 가에서 하고, 상군들도 다 가에서만 하기 때문에 우리 같은 사람은 설 자리가 없다. 바다가 좋아서 잘 되는 어촌계는 할망바당도 정해놓고 있지만, 조천 어촌계만큼은 할망바당을 하려고 해도 발전소가 오면서 그런 것도 할 수 없게 되었다. 상군들은 바깥으로 나가고 할망바당을 만들어야 되는데 그렇게 못 하고 있다. 발전소 때문에 먼바당에 물건이 하나도 없어서 너무 속상하다.

바다 일이 밭일보다 좋다. 바닷속에 들어가면 막 좋다. 밭일은 아침 6시에 가면 저녁 5시에 마치니 힘들다. 그런데 바다에는 물때가 늦어갈 때는 제일 빠른 3일 동안은 7시에 오지만 그다음은 9시에도 오고 10시에도 오고, 잘하면 3시에도 오고, 빨리 올 때는 12시에 나오고 그러면 남은 시간은 한글하게[108] 지낼 수 있어서 좋다.

32년 전 동료 해녀의 죽음으로 시작된 해녀굿

32년 전부터 해녀굿을 시작했다. 처음에는 정월에 택일해서 하다가 나중에 음력 2월 13일 이전에 날 받아서 하고 있다. 처음에는 안사인 심방이 하다가 뒤에 김순이 심방이 이어가고 있다. 심방들도 소미 심방 밑에는 소미가 나오고 큰심방 밑에는 큰심방이 나오기 때문에 뿌리 있는 심방을 모셔와야 한다.

조상들 초대하는 초감제, 요왕님 초대하는 초감제, 그다음에 요왕맞이 길치기, 영등맞이 해놓은 다음 액막이 다 해놓은 때 씨를 드리러 간다. 마지막에는 배를 띄우러 간다. 액막이 하면서 배 놓으러 가고, 배 놓으러

---

108 한글하다: 한가하다.

가기 전에 씨드림을 한다. 배방선이 끝나면 굿이 거의 끝난다. 요즘은
간단하게 단순하게 하지 옛날 식으로 차례차례로 안 한다.
처음 조천에 왔을 때는 해녀굿을 하지 않았다. 시집왔을 당시에는
해녀굿도 없고 리제도 없었다. 같이 작업을 하는 도중에 해녀 한 분이
돌아가셨는데, 친한 언니였다. 그때 마흔이나 마흔하나 혹은 마흔둘
정도 되었다. 같은 동료가 갑자기 바다에서 돌아가시게 되니, 그때부터
바다에 제를 지내기 시작했다. 대략 32년 전이다.
사고가 났을 당시에 나도 나이가 어렸지만, 혹시라도 살았는가 해서
빨리 옷 입혀 병원에 가서 살리려고 했다. 그때의 옷은 대부분 앞에
지퍼가 있었다. 엉겁결에 고무옷을 박박 벗겨내고 옷을 급하게 입히다

보니 지퍼가 뒤로 가버렸다. 앞으로 입히려 하니까 옷을 거꾸로 입힌 것이다. 그래서 해녀가 죽고 귀양풀이 굿을 할 때 죽은 해녀의 입을 빌려서 심방이 "서른셋님이 나 팔도 다 데와불고(비틀어버리고). 그 입찌젠(입히려고) 한게. 기냥 바지도 거꾸로 입히고." 이런 말을 했다. 물에 빠진 사람을 승렬이 서방이 업고 왔다. 승렬이 서방이 그때 많이 놀랐을 텐데 종교를 믿다 보니 넋도 들이지 못했다. 해안도로가 나버리니 돌밭으로 해서 업고 나왔다. 엉장매에서 마눙개에서 업고 왔는데 거리가 엄청 멀었다. 그렇게 해서 영동병원으로 싣고 갔지만 살릴 수 없었다.

그때 시어머니가 교통사고가 나서 아들이 업어가서 입원했을 때이니 32년 전이 맞다. 할망 간호하는데 병원에서 꿈을 꾸었다. 그때 빨간 내복이나 양말을 많이 신었다. 빌레 언니도 빨간 양말을 신고 다녔다. 병간호를 하다가 잠이 들었는데 빨간 양말을 신고 병원 안쪽으로 그냥 문을 열면서 들어오는 것이었다. 그때 너무 무서워서 한 달 동안 화장실에도 못 갔다. 그때는 바깥에 화장실이 있을 때였다. 화장실 갈 때가 되면 꼭 남편을 데리고 갔다.

해녀들의 연이은 사고와
해녀굿

빌레 언니가 죽고 나서부터 굿을 했는데, 뒤에 박할망이 죽었을 때도 굿을 했다. 그때는 당할망이 좌지우지할 때여서 정월에 굿을 하고, 얼마 지나지 않아 스무하루에 박할망이 죽었다. 당시 양식장 소라 공동작업을 할 때였다. 할망이 물에 빠지자 말자 죽어버렸다. 물 싸면(써면) 머들밭 바짝 싸는 파래밭에서 죽었다. 그렇게 해서 같은 해에

두 번 굿을 했다. 한 번은 탈의실에서 하고, 바다에 천막 쳐서 또 한 번
했다. 이후에는 옥현이 언니 죽고 굿을 했다. 빌레 언니 죽은 후에 굿을
하고도 사고가 났다. 해녀들이 무서워서 물질을 못 하기 때문에 사고가
나면 굿을 하는 것이다.

32년 전 엉장메코지에서 해녀가 죽은 이후로 정기적으로 굿을 하기
시작했다. 정월에 조천 심방을 빌려서 굿을 하다가, 그 뒤에 조천 김순이
심방을 빌려서 굿을 하고 있다. 처음에 안사인 심방을 모셔서 굿을
하다가 뒤에 김순이 심방이 이어가고 있는 것이다. 처음에는 매해
정월에 날을 받아서 굿을 하다가 지금은 음력 2월에 영등굿으로 한다.
그렇게 한 것도 20년이 넘었다. 정월 스무하루에 해녀가 돌아가셨을 때
굿을 하고, 그 뒤로부터는 2월에 정기적으로 영등굿으로 하게 된
것이다. 한 해에 두 분이 돌아가시게 되면서 그때부터 질서를 잡아서
영등굿을 하게 되었다. 보통 음력 2월 15일 전으로 음력 2월 1일부터
13일 안에 날을 받아서 한다.

해녀굿 하는 날은
고망할망에게도 인사

초감제 하면서 항상 고망할망당[109]에 간다. 큰심방은 초감제를
진행하고, 소미가 해녀회장을 데리고 당에 가는 것이다. 해녀굿을 할
때도 고망할망 몫의 음식을 따로 차려놓았다가 가지고 온다. 집에서
제사할 때도 고망할마님 몫을 따로 놨다가 온다. 메, 떡, 과일, 술 등을

---

109 조천리의 마을 신당으로 새콧할망당 또는 고망할망당이라고 부른다.

따로 차려놓고 고망할마님께 오늘 영등굿을 합니다 고하는 의미인 것 같다. 옛날부터 배 하는 사람들은 여기 고망할망을 모셔야 된다고 한다. 조천은 당도 없고 오직 고망할망뿐이다.

고망할망 전설은 다음과 같다. 옛날에 제주배가 일본에서 들어오는데 배 바닥에 구멍이 나서 물이 들어왔다. 그때 뱀이 똬리를 틀어 구멍을 막아서 무사히 도착할 수 있었다. 조천포구에 도착해서 장칩^(장씨 집)이서 치마폭으로 뱀을 받아다 여기에다 놓았다고 한다. '할마님 이리 들어옵서 이리 들어옵서' 하고 치마폭에 받아서 '여기 좌정하십시오' 했던 것이다. 중간에 그 옆에 사는 사람이 그걸 치우려고 했지만 그때도 뱀이 나와서 못 치웠다.

어릴 적에 들었는데 월정은 열 몇 척씩 머구리배를 했다. 그런데 배에 뱀이 올라오는 사건이 있었다. 그것을 월정 당에 가서 모셨다고 한다. 전설이 아니고 실제 일어난 일이다. 그 큰아들이 우리 동창이었다. 고등학교 선생 하다가 갑자기 아파서 죽었는데, 예전에는 큰 부자였다. 시에 집도 몇 개 어마장장하고, 월정 재산도 어마장장했다. 들기로는 내가 열 몇 살 때부터 머구리배를 많이 했는데, 우리 어머니도 그런 사람들과 같이 해서 나도 그 내막을 잘 알고 있다. 배에 뱀이 있어 가지고 선원들이나 해녀들은 엄두도 안 나서 배 주인이 심방을 데려가서 담아다 월정 당에다가 모셔놨다고 들었다. 머구리배를 해서 부자된 사람은 하나도 없다. 돈은 어마장장 버는데 법에 한번 걸렸다 하면 그 재산이 남지를 않는다. 머구리배 열 몇 척이 다 망해버렸다.

무엇보다 힘든
천초 작업

- 강창화(구좌읍 김녕리, 1946년생)

동김녕에서 태어나
서김녕으로 온 시집

1946년생으로 동김녕에서 태어나서 서김녕으로 시집을 왔다. 친정도
시집온 곳과 멀지 않다. 확실한 건 모르는데 헤엄치고 테왁 들고 다닌
것은 열대여섯 살 될 때부터였다. 물질은 자연스럽게 배웠다. 시집오기
전부터 소라 같은 것도 잡고 그랬는데, 시집와서는 아기도 있고 하니까
물질을 안 했었다. 메역 조문이나 소라 물질은 안 하다가, 그 후에
고무옷 나오고 난 뒤에 다시 하게 되었다. 처음부터 고무옷을 입지는
않았다. 애기 아빠가 몸도 편찮으시고 애기들도 키우려고 하니까 애기를
봐 줄 사람도 없고 해서 밭일만 했다. 그러다 고무옷 입어서 물질하기
시작했다. 중간에는 물질 안 하다가 고무옷 나온 이후에 다시 물질을
시작한 것이다.

21살에 시집을 왔고 육지 물질은 안 가 봤다. 고무옷 나오기 조금
전까지는 미역조문이라고 해서 미역을 주로 하고 천초도 했다. 마당으로
하나씩 날라와 널곤 왔다. "오늘 어머니 메역한 거 몇 남 했다 하면,

기레기(길이)로 넌 거 막 그거 다 세고, 다시 거두고 그런 거 했지요.
시집가기 전에 동생이영 넌 몇 낭 했나 난 몇 낭 했져 하멍 막 그렇게
했어요. 그렇게 하면서 배왔어요."

메역조문은 보통 3월 해신제 끝나고 시작한다. 그전에는 춥기도 하지만,
미역도 좀 크고 물도 좀 따뜻해지면 시작하는 것이다. 3월 초여드렛날
잠녀굿이 끝나고 시작하면 3월 물찌(물때)엔 메역조문을 안 한다. 조금 때
음력 3월 20일 넘어서, 메역조문 며칠만 틀 것이라고 하면 대기했다가
한 달 넘게 한다.

메역조문을 할 때는 동서쪽 바다가 갈라지지 않았다. 테우를 타고 가서
메역조문을 하면 동쪽에 가서도 하고, 또 오늘은 동김녕 바당에 어디로
해서 어디로 할 거라고 하면 동서김녕 해녀들이 모두 해수욕장을
넘어간다. 배들은 미리 바다로 나가 있고, 옛날은 해안도로가 없어서
소로로 그냥 다녔는데 해녀들은 갓길로 걸어서 갔다. 또 애기들 업고
메역 마중 간다고 해서 애기들 업고 가는 사람들도 있다. 메역조문 하면
서쪽으로는 동복 경계로 하루 작업하고, 또 그곳으로 끊어 앞에 있는
가운데, 또 이 아랫바당 할 거라고 하면 해녀들이 아랫바당으로 가서
했다.

한 해는 미역을 널다 보니까 "아이고 서김녕 해녀들이 물에 빠졌져 물에
들었져." 하니 그냥 밥들도 아니 먹고 미역 널다 내버려두고
뛰어나가기도 했다. "물건 욕심들은 다 마찬가지라 이제나 저제나."
그때는 소라 같은 것을 여름에만 잡고 겨울에만 잡았기 때문에 미역철이

되면 막 난리가 난다. 물아래 미역이 있어서 끊으러 가는데, 다른 사람이 와서 중간에 끊어가 버릴 때도 있다. 밑으로 해서 끊으려고 하다 보면 위로 해서 끊어가 버리는 사람도 있었다. 그렇게 강하게 살았다. 미역을 해서 와야 밥을 먹고 살 수가 있으니 사람들이 엄청 억척스럽게 했다. 메역조문은 정해진 기간이 따로 없다. 첫 번 입어하는 날을 정해 가지고 "바다 텄다고 하면, 동김녕 바당 트고 서김녕 트고 앞바당 트고, 그 후에는 이녁 자유다." 시작하는 날만 정하는 것인데, 배들도 이제 상군해녀 몇 명을 짠다. 배에 해녀들 열 명이면 열 명, 열다섯 명이면 열다섯 명을 정해서 사공들이랑 짜는데, 메역조문 할 때는 다 그렇게 했다. 먼바다 가는 사람은 배를 타고 가고, 가까운 바다에 할 사람은 걸어서 갔다.

여름에는 소라 잡고
느진메역도 해서 팔아

여름에는 주로 소라, 전복을 잡았다. 오월에도 물메역이라고 해서 보리타작 해놓으면 보릿대 위에 그것을 널어 말려서 팔았다. '느진 메역'이라고도 한다. 미역하는 것은 기간이 없다. 밭일하는 사람은 중간중간 하고, 미역에 종사하는 사람은 끝날 때까지 미역을 한다. 미역은 보통 3~4월까지 나고 5월까지도 난다.
성게는 옛날엔 잡지도 않고 잘 먹지도 않았다. 바닷가에 가서 잡아다가 그저 집에 먹을 것 정도만 했다. 그때는 냉장고도 없고 하니까 저장을 못 하기 때문이다. 소라는 여름에 잡으면 소라 받는 사람이 삶아서 일본으로 보냈다. 제주에서 옛날에는 소라 간스미라고 해서 통조림을 만들었다. 작은 어머니네도 소라를 받아서 삶아 판매하니까 우리도 까러

다니고 했다. 요 근처에 살면서 했다. 소라를 잡아서 이런 구덕에
담는다. 옛날에는 고무옷 안 할 때였다. 소라를 그냥 놓지 않고, 구덕에
차근차근 쌓아서 물이 빠지게 담는다. 구덕에 차곡차곡하게 놔서 지고
왔다. 옛날에는 소라가 많으니까 굵은 것만 잡아서 한 근에 얼마씩
팔았다. 킬로는 중간에 나왔지 한 근 두 근 그렇게 팔았다. 그때는
냉장고도 없었기에 도매로 사서 주로 통조림 하는 데 갔다.

서쪽보다 동쪽이 넓은
김녕바다

김녕은 어촌계 안에 선주회와 잠수회가 포함되어 있어서 해녀도 있고
뱃사공도 있다. 또 김녕은 동김녕과 서김녕 두 개 마을로 나누어져 있고

탈의실도 두 개가 있다. 그전에는 동쪽 어촌계장님 서쪽 어촌계장님 이렇게 했는데, 2001년부터 통합되어 어촌계장님도 한 분, 이장님도 한 분이다. 김녕은 8개 동으로 되어 있는데, 우뭇가사리와 톳은 1년에 한 번 돌아가면서 작업한다. 이것이 만약 동복 경계면 그것을 기준으로 월정 경계까지 8년을 돌아간다.

그런데 해녀 작업하는 것만큼은 절대 통합이 안 된다. 서쪽은 요 앞에 '소여'라는 여 앞으로 서쪽 해녀들이 입어하고, 동쪽으로는 동쪽 해녀가 입어한다. 바다는 동쪽 바다가 넓고 좋다. 서쪽에는 여가 들랑들랑하고^(드문드문하고) 넓지 않고, 또 항구를 만들면서 바다가 많이 들어가 버렸다. 전에는 그쪽에 물건도 많이 나고 했는데 항구하면서 많이 들어가 버리니까 해녀들이 요 앞바다에 들면 갈 데가 없다. 그래서 동쪽으로 가면 동쪽에 온다고 아우성을 하고 그런 실정이다.

물에 드는 해녀는 상반기에 서쪽에서 작업하는 해녀가 38명에서 40명 정도였는데, 하반기에는 몸이 아파서 안 하시는 분이 생기면서 35~36명 정도가 된다. 동쪽과 서쪽을 다 합치면 98명 정도 된다. 작년에 여행 갈 때 동서쪽을 통합해서 90명 이상이 함께 갔다.

동쪽 바다는 좋은데 서쪽 바다는 여가 넓지 않다. 동쪽은 바다가 나갈수록 넓어진다. 옛날 미역 하러 다닐 때 보면 '자리거리는 여'라고 해서 '조각여' 같은 곳은 바다가 나갈수록 편하다. 동쪽 해신제 하는 그 밑으로는 깊은 데도 있고 여도 많다. 그런데 서쪽에는 그렇게 나가는 데가 없다. 물질을 해도 별로 양이 많지도 않고, 옛날에도 주로 배로 여름에 헛물에 다니는 사람들도 동쪽 바당으로 많이 다니지 서쪽으로 잘 안 갔다.

어머니네 살아계실 때 말씀하시는 것을 들어보면, 밭에서 검질 매고 밭일하다가 물때 되면 그냥 "물때 됨져" 하는 소리만 들으면 검질 매다가 달려와서 배 타고 가서 소라를 잡았다고 한다. 여름에는 뱃물질 안 가는 해녀들은 바깥으로 나녔다. 자기가 가고 싶은 데로 마음대로 가는 것이다. 또 앞물에는 아침에 나가서 물이 들어오면 오후에 밭에 간다. 이제 고무옷 입어서 하는 해녀들도 마찬가지다. 주로 스무하룻날로 해서 시작하면 조금에는 하고 두물 서물 날은 아침에 밭에 못 간다. 그런데 조금 늦게 하는 서물 너물 다섯물까지는 아침에 가서 일하다가 물에 들면은 오후엔 밭에 못 간다. 또 바람 불면 바당에 탈의장에 가서 오늘 물에 들어짐 직하다 못 들어짐 직하다 앉아서 의논한다. "바당드레 파도 쎄여 오늘 안되켜." 하고 밭에 가서 일하다가도, 바람이 조용해진다 싶으면 바다로 내려와서 다른 사람들이 물에 드는지 안 드는지 확인해서 올라갔다. 항상 "아이고 오늘 물에 들엄신가 안헴신가." 하는 신경을 많이 쓴다. 혹시 제주시에 있는 병원에 볼일이 있어서 다녀와서도 물에 드는 날은 물질을 한다. 물질하는 기간이 완전히 끝나거나, 물에 안 들 거라고 하면 마음 놓고 병원도 가고 밭에도 간다.

지금도 16일, 17일, 18일, 3일 작업한다고 해서 해녀들이 대기를 하고 있다. 소라 판로가 막혀서 한 배 채워서 일본으로 갈 예정이다. 소라 물량이 많이 나면 3일로 끝날 수도 있고, 물량이 안 나면 4일도 할 수 있다. 설이나 명절에 개인 판매하는 것은 따로 준비한다.

무엇보다 힘든
천초 작업

한 가지 힘든 점이 있다면 천초 작업할 때이다. 헛물에는 자기가 판단해서 저기는 깊으니까 안 들어가고 싶다 생각하면 히어서 다른 데로 갈 수가 있다. 그런데 천초 작업은 그것이 아니다. 개인 작업이 아니라

공동작업이기 때문에 계속 들어가서 뜯어야 망사리를 가득 채울 수
있으니 힘이 든다. 해녀가 열 사람이면 열 사람 모두 열심히 해서
망사리를 가득하게 해야 한다. 지적당하기 싫어서 같이 힘내서
뜯어내자고 하다 보니 천초가 제일 힘들다.

월정 쪽에 있는 바다가 김녕에서 우미바당으로 최고 좋은데 용두동에는
해녀가 세 분밖에 없다. 세 분 모두 나이가 많아서 그 큰 바당을 다 못
한다. 물살이 세고 깊은 데도 있고 얕은 갯바위도 있다. 또 돌아가면서
하다 보면 우미 없는 바당이 있다. 해녀들은 많고 이제 우미 없는 바당이
걸리면 하루 일당 받으며 도와주는 해녀들도 많다. 그러니까

상부상조하면서 하는 것이다.

우리 마을 해녀 3명이 하면 우미 없는 바당의 해녀를 하나 혹은 둘을 끼운다. 다른 마을 해녀를 직접 빌리지 못하니까, "너네가 들어오고 해녀들도 모집해라." 하면 그 사람들이 해녀들을 모아서 오는 것이다. 올해도 동김녕 해녀 중에서 우미 없는 바당의 해녀들은 다른 동네 바당 우미일을 했다. 열한 시에 우미물에 들어갈 거니까 어디에 몇 명 앉아 있으라고 미리 말해두면, 밭에 가서 일을 하다가도 시간 맞춰서 모인다. 그러면 가다가 차에 태워서 같이 작업하고, 8만 원을 일당으로 드린다. 사람이 적으면 적은 대로 도와가며 지혜롭게 살아간다.

바당 없는 해녀들 중에서도 게으름을 피워 헛물에는 다녀도 우미물에 안 다니는 사람들도 있다. 한경호 계장님이 어제 퇴임했는데 12년 근속했다. 19살 때부터 어촌계 간사로 8년, 어촌계에 반평생을 바쳤다. 22년간 어촌계 일을 한 것이다. 3대 4대 5대 어촌계장 12년을 했다. 계장님이 그런 말을 한 적이 있다. 해녀들 다 우미물에 들었는데 옆에서 흔들흔들 다니는 걸 보면 그렇게 미울 수가 없다는 것이다. 자기 몸 아껴 헛물에는 악착같이 돈 벌러 내려오면서 낮에 다른 해녀들 다 물에 들었는데 동네에 나다니는 사람들을 보면 제일 밉다는 것이다. 계장님이 그렇게 얘기할 때도 있다.

우미와
감태 작업

김녕은 우미 작업을 해서 조합원들에게 골고루 나눠주니까 사고가 안 난다. 오늘부터 우미할 거다 하면 서로 좋은 곳으로 가서 하려고 욕심을 부리다 보면 사고들이 난다. 김녕은 조합으로 우리 해녀가 맡는데,

갯바위에 있는 것은 아진조합원[110]들이 하루 나가서 뜯을 거라고
결정하면 그렇게 한다. 다른 조합원들은 입어를 못 하니까 해녀들에게
맡긴다. 동네에 해녀가 셋뿐이어서 다른 동 해녀들이 함께 한다. 수익은
먼저 8:2로 나누는데, 2는 떼어가지고 조합원들 나눠주고 8은 해녀들의
몫으로 돌아간다. 그러면 해녀들은 8에서 해녀 빌려 작업한 경비를 제한
나머지를 작업한 사람들이 나눠먹는다. 아진조합원들도 골고루
나눠준다.

미역조문과 우미 등은 개인으로 못 하고 공동작업으로 해야 한다. 5월
1일 전에는 우미를 뜯지 못한다. 5월 1일 전에 캔 우미나 한천은 풀이

110 조합원 중에서 바다에 들어가서 물질이 가능한 해녀 외에 고령 해녀와 마을 주민들
     을 말하며, 톳이나 우뭇가사리를 공동채취해서 그 이익을 함께 나눈다.

약해서 상품이 안 되기 때문이다. 갯바위에 있는 것은 햇빛을 보면
하얗게 바래서 상품이 안 되기 때문에, 4월 초 물찌에 한 불 매기도 한다.
그러면 바다에 있는 것은 해녀들이 다 뜯어낸다.

김녕도 옛날처럼 톳이 안 난다. 한개 축항하기 전에는 몸하고 듬북이
지붕 높이보다 더 자랐는데 이제는 많이 없다. 지난번에 투석하면서
바다에 시범으로 줄을 쳐서 감태를 심었는데 태풍에 그것이 다 쓸려가
버렸다. 9월경 태풍에 감태 심은 것이 바다로 밀려가자, 전에 없이
감태가 많이 나서 감태하는 사람들이 100만 원씩 벌었다. 하지만 옛날
감태는 뿌리가 막 이만큼 굵었는데 이식한 것은 그렇게 굵지가 않다.
감태가 짧고 가늘다.

감태 있는 곳으로 가서 헤치면서 소라를 잡았었는데 이젠 감태가 없다.
소라가 감태 잎에도 달라붙어 있고 감태 속을 헤치다 보면 감태 아래
두글락두글락(더덕더덕) 숨어 있다. 그런데 이젠 소라도 예전만큼 없다.
소라 종패는 안 되니까 못 뿌린다. 겉에서 잔 것들이 커서 바다로 나가는
것인데, 스쿠버들이 밤에 와서 잡아가 그러니까 소라가 별로 없다.
7㎝만 작업하라고 하는데, 7㎝만 한 소라가 없다. 물에 들어가도
옛날만큼 돈이 안 된다.

잠수굿을 하는 날은 음력 3월 8일이다. 옛 어른들이 요왕문이 잠겼다가
열리는 날이라고 해서 예전부터 그날에 굿을 해왔다. 그래서 잠수 아닌
사람도 그날은 좋은 날이라고 해서 요왕맞이도 하고 지를 싸서
들이친다.

우리 어머니가 옛날에 동김녕 해녀회장을 거의 20년 이상 했다. 4·3사건 이전부터 그렇게 했는데 잠수굿 하는 날은 굿하는 곳에 가서 놀았다. 동쪽 서쪽을 딱 갈라서 우리는 어머니 따라 굿하러 가고, 서김녕은 '한개'라고 해서 서쪽 탈의장에서 심방 모셔서 굿을 하고 그랬다. 이제는 심방이 없으니까 서쪽에는 백련사 스님을 모셔서 기도한다. 동쪽 서쪽 각각 다른 심방을 모셔다 굿을 하다가 심방이 없으니까 백련사 스님을 모셔서 하게 된 것이다. 그렇게 한 지도 벌써 35년 정도 되었다. 서쪽이나 동쪽은 차리는 것이 많이 차이가 난다. 동쪽에는 서순실 심방이 하니까 기자들도 많이 오고 상 차리는 것도 옛날 그대로 하니까 경비도 많이 든다. 서쪽에는 스님이니까 딱 용왕님상 하고 고혼상, 영가상이라고 해서 상을 두 개 차리고, 과일도 몇 가지 정해서 올린다. 또 절에 쓰는 시리[111] 그거 해가지고 지 드리고, 또 보일러실에 하고 해가지고 스님이 와서 염불을 한다. 스님이 소지도 올리고 다 한다. 절간에서 그날 요왕기도 오는 신도들과 불공을 마치고, 오후 2시쯤 내려 와서 기도를 한다. 스님이 "올해는 괜찮겠습니다. 편안할 거니까 걱정 마세요."라고 하는 해가 있고, 또 어떤 때는 "올해는 좀 어렵겠습니다. 한 번 기도 더 드리세요."라고 하는 그런 해가 있다. 서쪽 해녀회장 등 책임 맡은 사람들은 스님의 기도가 끝나고 동쪽에 굿하는 곳에 가서 인사도 하고 산도 받는다. 그러면 서순실 심방이 올해 막 어렵다고 하거나 나쁘다고 하거나 올해 괜찮다고 하기도 하는데, 스님이 하는 말과 비슷하다. 이상하게도 두 사람의 판단이 똑같게 나온다. 과일은 주로 사과, 배, 밤, 대추, 귤 등 5가지를 차린다. 전에는 만약에

111　시루떡.

우리 부모가 바다에 고기 낚으러 가서 돌아가시거나 하면 작은 상을
따로 차렸다. 이 사람 저 사람 자기대로 차려놓는 사람이 있었다. 메도
올리고 떡도 해서 작은 1인분 밥상에 다 차렸다. 그런데 스님이 한 해는
이렇게 하지 말고 법문으로 합동고혼상으로 와서 응감하시라고 염불을
할 테니까 내년부터는 이런 상을 차려놓지 말라고 해서 이제는 따로
상을 안 한다. 법식으로 하니까 굿할 때처럼 원미상은 차리지 않는다.
스님이 내려올 시간이 다가오면 요왕큰지라고 해서 요왕상에 올렸던
시루를 시렁목에 싸고, 큰 대야에 시식할 제물을 준비해서 책임자 두
명이 차에 싣는다. 그러면 스님이 한개로 내려와서 신도들이랑 지를
드리는데 염불로 한다. 절에서 신도들이 내려오면 대기했다가, 스님이
내려오면 큰지 드리러 한개로 내려간다. 모두 벌여놨다가 스님이 지를
드리라고 하면 바다에 지 싼 것을 들이쳐 두고는 탈의장으로 올라온다.
그때 시리 하나를 따로 두었다가 큰상에 올린다. 그러면 스님이 와서 두
시간 정도 불공해서 가면 고혼상에 올렸던 것을 큰 대야에 모아서
바다에 비우고 그렇게 한다.

책임 맡은 사람도,
해녀들도 모두 정성으로 준비

제물을 차리는 것은 예전 어른들이 하는 법도를 따르고 있다. 윗대
해녀분들이 상 차린 것을 사진으로 찍어놓은 것이 있는데, 그것을
그대로 전승받아서 차린다. 책임을 맡아서 음식을 준비하고 상 차리는
사람은 전날부터 밖에 나가지도 못한다. 탈의실에 방이 있는데 제를
지내는 전날부터 모여서 정성을 들이며 준비한다. 향물을 삶아서 뿌리고
금줄을 치고, 다른 곳과 마찬가지로 엄중하게 지낸다. 금줄은 5일

전부터 치고 해녀들이 모여서 대청소를 한다. 음력 초여드렛날 해신제를 한다고 하면 4일은 대청소를 할 거다 해서, 그 안에 해녀들이 다 나와서 청소하고 금줄 치고 그렇게 한다. 장 보고 준비하는 것은 3~4일 전부터 한다.

3월 8일 새벽에 제상을 차리고 메를 지어서 올리고 준비를 해놓으면, 2시에 스님이 와서 불공을 한다. 스님이 미리 팥을 사 두라고 하면 팥 사다 1킬로 정도 되게끔 요런 양푼에 두면, 탈의장 주위에 다니면서 뿌린다. 또 해녀들이 타고 다니는 오토바이 등에도 스님이 꼼꼼하게 잘해준다. 정성이 있어서 복을 입거나 그런 사람[112]은 못 한다. 나는 작년에 시어머니가 돌아가셔서 못 했다. 재작년에는 탈의장 밖에서 일을 돕는 역할을 했는데, 책임 맡은 사람은 3일 정도는 자기 정성을 들여야 하니까 밭에도 못 간다. 탈의장 안에서 준비하는 사람 두 분 하고, 음식 준비하는 것은 해녀들이다. 회장, 총무, 각 동 조장들 하고 또 심부름하는 해녀들은 계속한다.

정성 드리는 두 분은 따로 정하는데 아무나 못 하기 때문에 주변에서 자꾸 권유하고 부탁한다. 그러면 부탁받은 두 사람, 즉 손맞은 두 명은 해녀 선배들이 이렇게 이렇게 하라고 하면 할 걸로 안다. "올해는 누구하고 누구하고 같이 수고해줍서." 하면은 다 해녀들 일이니까 부득이하게 형제간에 상을 입거나 부모상을 안 입은 사람은 안 하겠다고도 못 하고 그렇게 정성을 하는 것이다. 힘들어서 못 하겠다는 사람도 있는데, 그거 지내고 나면 또 일 년 동안은 무사고로 지낼 건가 하는 걱정도 있다.

---

112   집안에 상이 나서 상복을 입은 사람을 말한다.

개인으로 싸는 지는 따로 준비한다. 식구 수대로 가족지를 싸고,
요왕지하고 고혼 몫으로도 준비한다. 옛날에 오빠가 바다에서 배 타다가
돌아가셨기 때문에 오빠 몫으로 지를 싼다. 자기대로 또 날을 보아서
요왕맞이를 가는데 그때도 지를 드린다. 한번 갈 때 열 개 넘는 지를
싼다.
서김녕에서의 해신제가 끝나면 동김녕 잠수굿에도 간다. 회장들은 꼭
간다. 작년에도 갔다 오고 올해도 갔다 왔다. 동서쪽 총회장을 맡고
있어서 서쪽 회장하고 같이 간다. 또 동쪽 회장도 서쪽 해신제에 와서

인사하고 음식도 먹고 가면, 서쪽 사람들도 시간 맞춰서 가는 것이다.

정월에 심방 모셔 지내는
요왕맞이

해녀들은 주로 요왕맞이를 잘 다닌다. 또 한 물찌 입어해서 바다에 갈
때는 마른지를 싸서 가는데, 쌀로 지를 싸서 소주하고 다 드린다. 한
물찌가 한 달에 두 번, 이제 초일뤠날 입어하고 또 다음 물찌에는
스무하룻날부터 입어하니까, 만약에 내가 돼지고기를 먹었다 하면 오늘
입어는 못 하겠다 해서 다음에 하겠다 해가지고 대개 그렇게들 한다.
요왕맞이는 정월에 하려고 하니까 순실이[113]가 막 바빠서 언니는 천천히
하라고 하면, 순실이 입장 생각해서 다른 데 먼저 하다 보면 정월이
넘어서 이월에 할 때도 있고 그렇다.
정월에 요왕맞이를 하고, 또 아들이 배를 하기 때문에 별도로
요왕맞이를 한다. 일 년에 두 번도 가고 세 번도 간다. 대개 다른
사람들은 한 번 할지 모르지만 나 같은 경우에는 아들이 시에서 배를
하니까 일 년에 한두 번이나 세 번은 꼭 간다. '한개'에 가서 심방 모셔다
한 시간 반 정도 간단하게 지낸다.
정월에 집에서 조왕제도 지낸다. 서순실 심방한테 날을 보자고 하면
"아이고 언니, 언니랑 호끔 천천히 합서."라고 할 때가 많다. 어머니
때부터 단골이기 때문에 좀 천천히 하라는 말을 할 수 있는 것이다.
그렇게 미루다 보면 보통 요왕맞이와 조왕제를 같은 날에 하게 된다.
집에서 조왕제를 먼저 하고, "요거는 요왕에 지 쌍 강 드립서." 하면

---

113 김녕리의 서순실 심방.

조왕제 하는 날은 집에서 지를 싸서 가져간 것을 바다에 들이치고 온다.
해녀들은 당에도 다닌다. 정월, 7월, 9월 3번이다. 큰당은 14일,
성세기는 열일뤠날 아침이 밝아올 때 밤에 간다. 일뤠당이라고 하는
노모릿당은 아기들 키우는 일뤠할머니라고 한다. 자손들이 있기 때문에
그곳도 다니는데 세 번은 다 못 간다. 애기들이 편하지 않으면 7월에
가고, 바빠서 못 가면 정월에 한 번만 간다.

정월에는 절간에 신장기도를 가는데, 돼지고기를 어느 집이든지 스무날
전에는 잘 안 먹는다. 신장기도는 정월 5일로부터 3일 기도 들어가면
7일 회향해서, 정월 보름날 대보름 불공에 들어간다. 그러다 보니
돼지고기는 보편적으로 못 먹는다. 한 스무날 안에 하고, 자기가
개인으로 날 받아서 조왕제까지 하면 정월이 거의 간다. 물에 가는
사람들은 그렇게들 많이 한다. 며칠에 할 것이라고 서순실 심방에게
말하면 "몇 시에 가쿠다. 메 안칩서." 하면 그 시간에 맞춰서 준비한다.
그러면 예언해서 말해주는 것도 잘 하고, 맞기도 잘 맞는다.

요즘은 돗제는 몇 년에 한 번 하지만 예전에는 자주 했다. 이제는
그만하겠다고 고해버리는 사람은 고하고, 또 이제 몇 년에 한 번 하는
사람은 하고 그렇다. 지금도 5~6년에 한 번 돗제를 한다.

총해녀회장 맡아서
책임감도 크지만 보람도 커

해녀가 어렵다는 생각은 없다. 밭에서 일하다가 물에 가면 "아 돈벌이가
있엉 이것이 직업이로구나." 하는 자부심을 가진다. 그날 가서 벌어지면
하고 못 벌어지면 재수 없어서 못 벌었구나 이런 마음으로 살아간다. 할
수 있는 만큼만 하지 그렇게 욕심은 안 낸다. 도시에서는 돈 내면서

헬스클럽도 다니고 하는데 바다에선 자유롭게 다닐 수 있어서 좋다. 회장직 맡아서 어려운 점도 있지만 또 여러 면으로 배우는 것도 많다. 사회적으로 배울 점도 많고 느낀 점도 많고 그런 점이 뿌듯하다. 어제 이취임식을 하는데 한복 입으니까 누군가가 "너 출세했져."라고 했다. 하지만 출세하면 그만큼 괴로운 일도 많고 책임지는 것도 많은 법이다. 2월에 총회를 여는데 여기서 총회장이 정해진다. 해녀회장을 했던 사람 중에서 할 만한 사람으로 정하는데, 동쪽에서 2년 서쪽에서 2년을 돌아가면서 한다. 서쪽에서 2년을 해서 다음에는 동쪽에서 할 차례다. 회장직은 그만두었지만 해녀축제나 구좌읍 회의 때는 감사로 들어가기 때문에 행사가 있을 때는 참석해야 한다. 8개 동네 조장이 있고, 동쪽 서쪽에 회장이 있고, 또 총회장이 있다. 총회장은 그 위에 별도로 있어서 도에 회의가 있거나 수협회의 때는 총회장이 참석하고, 그 결과를 동서쪽 회장한테 연락하면 해녀들을 소집에서 전달한다. 해녀축제 때는 총회장들이 대의원으로 들어간다. 구좌읍 회장이 있고, 총무가 있고, 감사가 있고, 이제 그 밑에 또 대의원들이 있다. 직전 총회장들이 대의원이 되는 것이다. 축제 때 새로 총회장이 되어서 참석하니 축제가 어떻게 진행되는지 알기 어려웠다. 다른 마을 해녀들에게 물어보기도 어려운 부분이었다. 그런데 같은 마을의 직전 총회장들이 대의원으로 들어가니까 자연스럽게 요건 이렇게 하고 우리 마을에선 뭐 맡으니까 이렇게 하자 하면서 일이 순조로워졌다. 그래서 대의원을 두 명씩 놓은 것이다. 총회장에서 읍 감사로 들어가니까 감사받으러 한 번 갔다 오고, 총회 할 때도 다녀온다. 책임을 지니까 갈 데도 많다. 해녀축제 할 때는 3일 동안은 집안일을 못 한다. 올해는 태풍 때문에 해녀축제가 취소되었다.

1월 12일은 해녀 항일항쟁기념일이다. 구좌에서 일어난 일이니까 구좌

해녀들이 참석한다. 기념탑이 있는 곳에 모여서 제를 지내고 행진해서
동녘도서관으로 간다. 도착하면 만세 삼창을 하고 시상식까지 하면
끝난다. 이날은 버스를 대절해서 마을마다 돌면서 사람들을 태운다.
동복에서 해녀 임원들을 싣고, 김녕에서 싣고, 가면서 월정 행원 이제
차례차례로 다 태운다. 돌아올 때도 마찬가지다. 또 동으로 버스 한 대를
내놓아서 세화리로 어디로 돈다. 100주년 기념식을 할 때는 임원들 모두
해녀복을 입고 참석했었다.

가리비양식에
거는 기대

해녀 일은 앞으로 십 년도 못 할 것이다. 한 7~8년 정도 후면 그만두게
될 것이라 생각한다. 올해 월정 쪽으로 가면 1번 2번 해 가지고 동복까지
가면 8년이 된다. 그러니까 올해 동복 경계에서 우미 하는 마지막 날에
속으로 이런 생각을 했다. "헛물에는 왔지만 우미물에는 이 바당은 나는
끝이다." 앞으로 8년 후에는 이 바당에 우미하러 올 생각을 안 하겠다고
했더니, 다른 해녀들이 "언니 말이 정답이우다."라고 했다. 새해에 월정
경계에서 작업을 하고 나면, 다시 8년 후에 그 바다에 가서 작업을
하지는 못할 것이다.
옛날에 윗집에 사는 선배 언니가 "다음에도 이 바당 와서 해사지커냐.
아이고 8년 후에 나 몇 살인 줄 알안디." 그 말을 어제 들은 것만 같은데,
나이 먹으면서 나에게 닥친 것이다. 그때 선배 언니가 "야 올해 한여
바당 해가민 다신 한여 바당 안 간다, 끝이여." 할 때 "무사." 하고 화들짝
했었는데, 팔 년 후에 내가 같은 말을 하게 된 것이다. 후배 해녀들과 "몇
살이우꽈.", "아이고 맞수다." 그 말을 하면서 웃었다.

그런데 해녀가 없으니까 안 하지도 못하고 우미 작업은 계속할 것이다. 못 할 형편이 되면 그때는 단념할 것이다. 우리 또래들보다 한두 살 위나 밑에 해녀들은 좀 있지만, 이제 60세 아래로 50세 밑으로는 없다. 계장님이 이제는 바당에서만 벌려고 하지 말고 다른 데서도 벌 생각을 해야 한다고 말한다. "저기 아름다운 항구 이제 거기 수족관도 만들어놓고, 손님 해여그네 소라 받아그네 수족관에 놔두면서 구이로도 팔고 해여그네, 겉에서 벌어 살 생각합센." 또 가리비양식이라고 해서 해면양식 하는 게 있는데 행원하고 김녕에서 시범 양식을 하고 있다. 그것이 성공해서 양식사업을 하게 되면 해녀하고 어선협회하고 같이 어촌계 사업으로 할 예정이다. 계장님이 노력하는 모습을 보고 도나 연구소에서 한 계장이 직접 해보라고 제안했다. 욕심 있는 사람은 내가 맡아서 사업으로 하겠다고 했겠지만, 한 계장은 이건 어촌계 사업으로 해서 앞으로 해녀들이 고령화되어 가니까 해녀하고 어선협회하고 같이 동업해가지고 작업하는 것으로 했다. 그렇게 해서 강원도 오색가리비 양식하는 곳으로 견학을 다녀왔다.

썰물은 동드레 가고
들물은 서드레 오주

- 장군열(구좌읍 행원리, 1946년생)

제라한 돈벌이였던
미역과 톳

행원에서 태어나서 물질은 15살 될 때부터 시작했다. 그때 소라는 안 잡고 미역만 잡고, 멀리도 안 나가고 가까운 곳만 다녔다. 그렇게 하다가 조금씩 실력이 늘어가면서 천초도 뜯고 그다음으로 소라를 잡기 시작했다. 물질을 해서 돈을 벌어들이는 제라한 물질은 19살부터였다. 지금은 행원의 해녀 수가 많이 줄어들었지만 처음 물질을 배울 때만 해도 해녀가 많았다. 처음 미역작업을 할 때는 잠수복도 나오지 않은 때여서 베로 된 물옷을 입고 작업을 했다.

당시에는 지금처럼 구역을 가르지 않고 미역 작업을 했기 때문에 외지에 사는 사람들이 와서 작업을 하는지, 안 할 사람들이 하는지 목을 서서 감시했다. 마을에서 벗어난 데서 일렬로 쭉 서서 행원 사람인지 확인하고 미역 작업을 할 수 없는 사람을 뽑아내는 것이다. 두렁박을 지고 잠수복을 안 입던 때였기 때문에 누가 누구인지 알 수 없었다. 그러다 사람들에게 떠밀려 넘어지면 그 위로 밟고 넘어가기도 했다.

그렇게 사람들에게 밀려 걸어가다가 물에 들 장소에 다다르면 숨이 막벅찼다. 미역 작업을 하면 남자어른들은 자기네 가족들을 찾아서 채취한미역을 받아서 집으로 지어왔다. 또 바다에 자리를 잡아서 채취한미역을 널어 말린 다음 걸어왔다.

그때는 소라도 판로가 없어서 잡지 않았고, 천초도 돈이 안 되어서 주로미역만 했다. 옛날에는 미역이 목차게 돈이 되었다. 요새는 킬로로하지만 그때는 근으로 거래를 했다. 한 사람이 몇 칭씩 미역을말려놓으면 중매인이 와서 사 간다. 육지에서도 오고 마을에서도 장사받는 사람들이 받으러 온다. 행원은 6개 마을로 나누어지는데 톳도 자기구역 내에서 작업한다. 옛날에는 톳도 많이 났다. 이제는 돈도 안 되지만그때는 미역하고 톳이 제라한 돈벌이였다.

요즘은 일본과의 관계 때문에 소라 판로가 막혔다. 소라는 5월부터 금채

기간이다. 5월부터 금지를 해놨다가 10월 1일부터 채취한다. 그동안은
소라로 돈을 엄청 벌었지만 올해는 물질을 열흘도 못 했다. 어떤 때는
일주일 물질할 때면 하루나 이틀, 최하가 3일이었는데, 요즘은 날씨가
좋아도 소라의 판로가 없어서 물질을 못 한다. 12월에는 한 번도 못 해서
두 물질을 그냥 놀았다. 11월 초에 4일과 5일 이틀 물질을 했다.
해녀들이 다 굶어 죽게 되었으니 IMF가 이런 IMF가 없다. 젊은
사람들도 소라 잡아서 물질하는 사람들은 10월 1일부터 양력 3월까지가
대목이다. 그때 돈 벌어서 일 년을 사는 것이다. 일 년 농사짓는 것보다
이 기간에 소라를 채취하는 것이 돈을 더 많이 번다.

왔져 갔져,
니 바당이여 나 바당이여

잠수복이 나온 후에는 해녀가 너무 많아졌다. 구역 구역을 갈라 물질을
했지만 서로의 구역을 침범하는 일이 비일비재했다. 그래서 안 되겠다
싶어서 두 동네씩 묶어서 한 바당씩 바다 구역을 갈랐다. 해녀의 수가
많은 동네와 적은 동네를 묶어서 하니까 차례로 올라오지를 못했다.
1동과 5동, 2동과 6동, 중앙동과 상동을 붙여서 3개로 나누었다. 각
바당의 경계 되는 곳은 너븐여를 중심으로 하나, 큰도고리와 나락코지를
중심으로 하나, 또 아홉과 더뱅이물을 중심으로 하나를 만들어서 1년씩
돌아가면서 작업을 했다. 천초와 헛물 모두 돌아가면서 작업을 했지만
경계 싸움이 계속 생겼다. "왔져 갔져, 니 바당이여 나 바당이여." 싸움이
이어지자 다시 파산시켜서 이제는 6개 동네가 공동으로 운영하고 있다.
현재 소라 작업은 6개 동이 공동으로 한다. 천초는 두 동네가 하나씩
돌아가면서 채취한다.

육지물질은 딱 한 번 19살에 거제도에 가서 미역만 하다가 왔다. 배 하나씩 조를 짜서 갔다. 당시에 영복호도 있고 아리랑호인가 도라지호인가 하는 배도 있었다. 배를 타고 부산에 가면 자갈치 앞에 바당이 있다. 거기서 조그마한 발동기를 타고 거제도로 들어가는 것이다. 오늘 제주도에서 나가면 내일 부산에 도착하고, 모레면 거제도에 도착할 수 있었다.

보통 육지 물질을 나가면 한 달도 살아오고, 두 달도 살아왔다. 거제도에서는 한 달 정도 살다가 왔다. 만약 미역 10장을 넣어서 말리면 7장은 전주가 가지고 3장은 해녀가 가졌다. 미역을 채취해서 직접 널어 말려서 걸어놓으면 전주 몫을 떼가고, 그 나머지는 자신의 몫이 되는 것이다. 주로 미역 작업을 하고 집 앞의 바다에 들어 헛물에 전복을 따기도 했지만 성게 같은 것은 채취하지 않았다.

이후 친정어머니가 너무 바쁘니까 어머니를 도와드리려고 육지물질은

더 이상 다니지 않았다. 옛날에는 조하고 보리가 큰 농사였다. 보리밥과 조밥을 주로 먹던 시절이었고, 사람 손으로 곡식을 훑고 조 같은 것은 마당에서 도리깨로 때릴 때였다. 그 시절에 아버지는 말을 50마리 정도 키웠다. 음력 8월이 되면 말을 먹일 촐을 한 달 넘게 해야만 했다. 그러다 보니 육지로 다닐 수가 없었다. 육지물질 다니던 사람들은 10년, 8년, 5년도 다녔다. 집에서 어머니 아버지 일을 돕는 사람이 있었기에 언니는 육지물질을 7~8년 더 다닐 수 있었다.

행원은 송당 다음으로
센 당

행원도 당이 세기로 유명하다. 송당 다음으로 행원이다. 김녕도 세긴 해도 행원만큼은 아니다. 송당이 제주에서 최고이고 그다음이 행원이다. 큰당이 본당이고 그 외에 남당하르방을 모신 남당이 있다. 어머니를 보면 백중에도 본당에 차려서 다녀오는데 집에서 돌레떡을 만들고 메를 해서 간다. 백중에는 산에 가서 백중제 즉 테우리코사도 지내는데, 9시가 넘으면 산으로 가서 제물을 차린다. 제물을 벌이는 곳은 개인마다 정해져 있다. 직접 가서 본 적은 없지만 제물을 벌여놓으면 말들이 다 몰려온다고 했다.

해녀들이 다니는 데는 큰당과 남당이다. 본당의 제일은 정월 초이튿날과 초사흘날, 백중날이고, 남당은 정월 보름날, 시월 보름날이다. 행원에는 예로부터 큰심방이 있었는데 돌아가신 이중춘 심방의 어머니도 큰심방으로 행원의 당을 메고 있었다. 이중춘 심방도 처음에는 마음을 잡지 못하고 헤맸지만 어떻게 하다가 마음을 잡은 후에는 아주 큰심방이 되었다. 이후 이중춘의 어머니에서 이중춘으로 이어져 오가다, 이중춘

심방의 아들이 심방의 길을 걷지 않았기 때문에 그의 제자인 김녕의
서순실 심방이 당을 이어가고 있다.

정월 보름에도 당에 가고 그 이전에는 정월 초이튿날에도 다녔다.
그러다가 그건 이젠 떨어져 버리고 정월 보름하고 시월 보름하고만
큰당에 다닌다. 백중에도 갔지만 그것도 안 가게 되었다. 정월
초이튿날은 다니는 사람이 열 명도 안 된다. 이제 본당에 다니는
사람들도 많이 떨어져 버렸다. 마을 사람들도 다 늙어버리니까, 올해
시월 보름에 당에 가는 것을 보니 30명도 안 되어 보였다.

옛날에는 당에 갈 때 돌레떡을 꼭 해서 갔는데, 요새는 대신 과자, 환타
등 간단하게 해서 간다. 이젠 돌레떡을 만들어 가는 사람이 없다.

사람들이 많이 늙어버리니까 해녀도 당에 많이 다니지 않는다. 물질을
해도 안 간다. 따로 지를 싸서 바다에 들이치는데, 그것은 이녁 자유로
가고 싶은 대로 다니는 것이다. 하지만 개인으로 지를 싸서 다니지는
않는다.

음력 정월 초하루 먹으면 포제 들어가고, 포제를 하고 나면 남당과
본당에 다녀온다. 닭을 희생으로 잡아서 삶아 웃당에 다녀온다. 웃당은
돼지고기를 안 해서 다니고 알당은 돼지고기를 준비해서 다닌다. 포제
때는 돼지 한 마리를 삶아서 모두 가지고 가서 그곳에서 상에 올려놓고
절하고, 거기서 썰어 다 잡식하고 지 드려두고 집으로 돌아온다. 포제는
남자 제관들을 뽑아서 한다. 각 동네 조합장들이 중심이 되고, 거기서
부녀회의 젊은 분들이 가서 음식 차리는 것을 돕는다. 그전에는 여자는
일체 다니지 않았지만, 요즘은 부인네 부녀회장들이 가서 식사도 차리게
되었다. 예전에는 여자 세 명을 지정해서 정성을 드려서 제물 준비를
도왔다. 조금만 몸이 불편한 사람도 안 다니고, 제관도 딱 뽑아서 했는데
이제는 많이 약해졌다.

잠수굿은 사고가 나서 해녀가 죽었을 때 하는 것이다. 행원에서도
잠수굿을 한 적이 있는데, 강택이 각시 죽었을 때도 했고 조자 해녀가
죽었을 때도 했다. 조자 해녀가 죽었을 때는 나락코지에서 굿을 했다.
해녀 사고가 나서 굿을 할 때는 당에 가서 하는 게 아니라 바다에서나
탈의장에서 한다. 잠수굿은 매년 하는 것은 아니고 특별하게 하는
것이다. 어디 가서 물어보면 바당을 깨끗하게 청소해주라 뭐해주라 했을
때 하는 것이다. 굿 비용도 사고가 난 집에서 내는 것이 아니다.
어촌계에서 공동비용으로 처리한다. 다음에 또 사고가 나지 말라고
바당을 청소하는 것이고, 질(길)을 닦는 것이다.

옛날 할머니들이 해신제를 어떻게 했는지 정확하게는 모른다. 우리가
물질을 하고서는 바다의 구역을 갈랐기 때문에 구역마다 자신의 바다에
차려서 간다. 3군데 차려서 가는데, 더뱅이물, 흰돌코지가 제일 큰
지이다. 거기 가서 먼저 해두고 그다음으로 뒤터지에 와서 하고, 건난디
와서 한다. 3곳을 순서대로 자기 동네만씩 가서 하는 것이다. 그러다가
바다가 하나로 합쳐지면서 전체적으로 책임자 집이나 해녀회장 집에서
차리든가 계장 집에서 차리든가 간사 집에서 차리든가 해서
흰돌코지에만 가서 한다. 하지만 지는 따로 싸서 3구역에 다 들이친다.
보통 정월이 되면 3월 안에 날을 잡는데, 중춘이 하르방 심방 때에 하다
보면 잊어버려서 빨리 못 하는 경우가 생겼다. 그래서 날짜를 3월
삼진날로 못박아 버리자 해서 날짜를 음력 3월 3일로 지정했다.
이중춘 심방이 할 때는 아침에 가서 상을 차려서 흰돌코지, 뒤터지,
건난디 3군데를 순서대로 다녔다. 심방은 오지만 굿은 하지 않았다. 각

동네별로 조금씩 메를 나눠 와서 지를 동네마다 싼다. 바다 다니는
사람의 숫자를 세어서 자기 동네 사람 숫자대로 지를 싼다. 아침 일찍
시작하면 11시쯤 끝난다. 이중춘 심방이 돌아가신 이후에도 서순실
심방이 그렇게 해왔다. 그러다 2019년부터 하루 종일 굿을 하는 것으로
바뀌었다. 흰돌코지에서 돌 하나를 모셔 와서 해녀탈의장에서 하루 굿을
했다. 흰돌코지 몫으로 하던 것을 탈의장으로 옮겨왔고, 요왕맞이로
간단하게 하던 것을 선굿으로 크게 하게 된 것이다. 흰돌코지에서 돌
하나를 탈의장으로 옮겨와서 "이쪽으로 모셔왐수다."라고 고하고
모셔왔다. 하지만 지금도 큰지는 제일 먼저 흰돌코지에 가서 들이치고,
뒤터지, 건난디 순서로 지를 드린다. 큰지를 드리고 나면, 각 동네에
전화를 걸어서 "여기 지 드렸으니 알아서 하십시오."라고 전달한다.
큰지를 드린 다음에 개인적으로 지를 드린다.

앞으로는 탈의장에서 하루굿으로 해서 끌어갈 예정이다. 이렇게 하다
보니 차리는 것만 이틀이 걸린다. 소라를 잡아 장만하고 삶아서 꼬지를
꿰야 하고, 이런저런 준비를 하다 보면 일이 엄청나게 많다. 책임진
사람은 어디 가서 굿은 것을 볼까 봐 자유롭게 나다니지도 못한다.
책임자는 계장님하고 해녀회장님이 맡고, 제물 차리는 사람들과 각 동네
총대들이 중심이 되어 준비한다. 굿을 할 때는 마을의 본당과 남당에
먼저 가서 오늘 굿을 한다는 것을 고하고 난 뒤에 탈의장에 와서 굿을
시작한다.

썰물은 동드레 가고 (썰물은 동쪽으로 가고)

들물은 서드레 오주 (밀물은 서쪽으로 오지)

행원 바다도 옛날에는 영장이 얼마나 많이 났는지 모른다. 월정 바다와

한동 바다에 떠오르는 시체를 처리하는 조건으로 바다를 차지했다. 우리 할아버지들이 영장을 건져서 바다를 차지했는데, 이제는 뺏겼다. 한동 바다는 명의를 이전하지 않아서 등기가 없어서 다시 뺏기고 말았다. 할아버지들이 영장 치우고 가져온 것을 뺏긴 것이다. 바당도 경계가 있기 때문이다.

"우리 바당곁이 센 바다는 어신 생이라. 우리 바당은 혼자 절대 못 가. 너미 물이 쎄여. 우리도 가운데 바다가 제일 쎄여. 더벵이물은 무난해여 물질하기가. 앞바당하고 뒤터지하고 흰돌코지가 쎄여. 바당은 좋아. 코지되부니까 물이 쎄는 생이라. 썰물되강 히민 소섬까지 가버려 히어오지 못해 안트레."

전복을 따도 기분이 좋고, 소라를 많이 잡아도 기분이 좋다. 바닷속에 들어가면 무섭지는 않다. 무서우면 물질을 할 수가 없다. 상군들은 9발, 10발은 보통 들어간다. 대개 10명도 넘는 인원이 함께 숨빈다. 예전에는 20명도 넘는 해녀들이 함께 물에 들어서 먼바다에 나갔는데, 이제는 그렇게 할 수 있는 사람들이 몇 없다. 들물 나기 전에 썰물이 자는 시간이 있다. 그 시간에 여를 찾아가면 정신이 없다. 그때는 20명 더 됐을 것이다. 물이 자는 시간에는 배곁디^(바깥에) 있다가 차차차차 깊은 데로 가는 것이다.

15년 전쯤의 일이다. 개똥이어멍이 닻에 걸려서 테왁도 내버려두고 와버린 사건이 있었다. 썰물 나고 바깥으로 가면 바당이 얕아서 위에서 보면 바다가 잘 들여다보이지만 들어가려고 하면 힘이 든다. 그럴 때 닻을 15발, 16발 흘려 놓은 것이다. 닻이 고망^(구멍)에 끼워진 것도 모르고 물질을 하다 보니, 숨이 차서 위로 올라오려고 하는데 물아래로 처져서 테왁이 있는 곳까지 오지 못하고 그냥 빈손으로 나와 버린 것이다. 우리가 물질을 마치고 나와 보니 테왁만 있고 사람은 보이지 않았다.

사람들이 해녀가 죽었다고 난리굿이 났다. 배도 나와서 해녀를 찾는 소동이 벌어졌다.

한물날로 서물 너물까지는 바깥바다에 물질하기가 수월한데 다섯물이 되어 가면 힘이 든다. 그때는 물때를 맞춰서 물질하기가 쉽지 않았다. 물때 맞춰서 물에 빠지면 어둡고 하다 보니, 9시 반만 되면 다 내려가서 물옷을 입고 물이 가든 안 가든 빠졌다. "썰물은 동드레 가고 들물은 서드레 오주. 그렇게 차차차차 들어가면서 물질을 하다가 이제 이물 적어지면 우이 바당 찾아온답시고 말이 아니. 게난 성게들만 파고. 힘든 일이 말이 아니. 우리 물질 안 하난 사람 꼴이 됐주. 물질 허민 사람 꼴이 안 돼여."

행원 앞바당에는 배 놓는 여 서쪽과 동쪽 사이에 나가는 여가 있는데, 그 여의 이름은 정확하게 모른다. 그곳은 뚝 떨어져 있어서 쉽게 찾지 못한다. 우리들이 젊을 때는 이용했지만 지금은 가는 사람이 없을 것이다. 뱃물질 하다가 찾아서 물질을 할는지는 모르는 일이다. 너븐여깍, 생굴 배껼디, 옛날에는 고래모루도 소라가 많이 났다. 서서리도 물건이 많이 나던 곳이다. 큰이아름 가면 새여, 지충여 가면 지충여 서끝, 자리 거리는 동산, 또 흰돌코지 동쪽, 더뱅이물 가면 올레할망여가 있다. 올레할망여는 개똥이어멍이 가서 전복 타오던 곳이다. 이제는 나이가 많아서 그곳까지 갈 수가 없다.

행원 어촌계에는 배 하시는 분이 두 분밖에 없다. 대부분 해녀들이 회원이다. 그전에는 호당 해녀가 한 명씩 있었는데, 지금은 어촌계 가입을 쉽게 안 해준다. 그래도 해녀가 거의 300명 될 것이다. 행원에서 어촌계에 가입하면 제주시에 가서 살아도 탈퇴가 안 된다. 실제로 물질하는 해녀가 70명 정도 된다. 헛물에는 70명이고 천초 할 때는 더 된다. 바닷가여서 할머니들도 나오기 때문이다. 우리 동네는 천초 할 때

30명이 넘게 나오고, 알동네와 섯동네는 잠수가 없어서 25명 정도가
된다. 다른 동네도 해녀들이 나이가 들어서 아프다 보니 17명 정도밖에
되지 않는다. 모두 합치면 천초 할 때는 80명 내외로 나온다고 볼 수
있다.

해초도 듬북도
녹아버린 바다

올해는 바다 농사가 더 어려웠다. 행원에는 양식장과 월정 하수처리장
때문에 바다가 다 썩어가고 있다. 바닥에 풀이 없어서 하얗게 변했는데
하수구 때문으로 생각된다. 바다의 돌이 갈쿠리로 누르면 푸각푸각
모래밭처럼 된다. 바다에 있는 것들이 다 녹아서 해초도 듬북도 없다.
소라들이 감태 같은 게 잘려 있으면 그 틈에 들어가서 먹으려고 몇 개

모여 있고, 그 나머지는 바당이 하얗다. 또 잡아와서 까면 안에 알맹이가 없어서 먹을 게 없다. 하수처리장, 양식장 때문에 우리도 어려움이 많다. 물옷이 안 나왔을 때도 그런대로 물질을 했다. 그때는 겨울에는 별로 안 하고 여름물질을 주로 했다. 헛물에도 했다. 한동까지 가서 했다. 전에는 전복도 많아서 2~3킬로씩 땄는데, 이제는 하나도 없다. 숨도 질고(길고) 실력 있는 해녀들은 소라보다 전복 수확이 많았다. 전복 뜨는 고망을 알아서 하루에 5킬로도 떼고 했는데, 이제는 하나도 없다.

요즘도 대평리 쪽인가 중문 쪽인가에서는 전복을 2킬로, 1킬로 떴다고도 한다. 종달리도 전복을 떴다고 하는데 우리 동네만 없다. 다른 바당에는 오분자기(떡조개)도 많이 있다는 말을 들었다. 우리도 해마다 해삼은 해삼대로, 오분작은 오분작대로, 전복은 전복대로, 소라는 소라대로 종자를 들이쳐도 없어져버린다.

더뱅이물은 종묘하는 곳이 근처에 있어서 전복이 그곳에서 내려와 몇 개가 보인다. 서근여 내려가는 웃홍탱이, 청감새기왓에도 오분자기가 있었다. 이번에도 오분작을 들이쳤다고 해서 살펴보니 몇 개는 보였다. 뒤터지 탈의장에도 보였다. 요번에 한 열 개는 땄다. 옛날에는 한 3킬로씩, 5킬로씩 오분자기를 잡았다. 하지만 지금은 풀이 없어서 오분자기가 자라기 힘들다.

새로 시작하는 해녀들을
챙기는 것도 우리의 일

- 허춘자(구좌읍 한동리, 1951년생)

쪼끌락한 테왁 들고

어머니 따라 배운 물질

한동 동동네에서 태어나서 상동으로 시집갔다. 바다 옆에서 살다 보니
두린[114] 때부터 몸도 감고 헤엄도 치고 놀았다. 여름에 그냥 몸 감으러
가서 히는 것도 배웠다. 15~16살이 되면 어멍들 메역 하는 바당에 같이
가는데, 쪼끌락한(작은) 테왁 만들어 주면 그것을 짚고 따라 다녔다.
14살에 테왁 해서 16살부터 메역을 캐러 갔다. 숨비질을 못하니까
미역의 꼭대기만 가서 끊어왔다. 밑으로 가서 나오지를 못했다. 그렇게
물질을 배웠다. 물질 안 할 때는 농사를 지었다. 처음에는 미역의 위에만
베다가, 나중에는 밑으로 가서 베어오게 되었다. 또 나이는 어렸지만
어멍네가 베어 놓은 미역을 지어서 나르는 일도 했다. 옛날에는
노람지[115]라는 것이 있었는데, 미역을 그곳에 펴서 말린다. 어멍 일을

114   두리다: 어리다.
115   낟가리를 덮는 띠로 엮은 이엉.

도와주는 것이다. 마른 것은 들여오고 새로 베어온 미역은 펴서 말리는
일을 반복했다. 옛날에는 그렇게 하면서 돈을 벌었다. 이런 일들도 모두
어머니가 하는 것을 보고 배운 것이다.

자사리섬 메역지기로
돈 하영(많이) 벌어

그렇게 물질하는 것을 배워서 시집가기 전에 육지물질을 나갔다.
경상남도 욕지라 하는 데도 가고, 자사리섬에 가서 메역지기도 해봤다.
다른 마을에서도 자사리섬 인근 바다를 사서 메역을 하러 왔다. 한산도
대머리에도 메역을 하러 갔다. 대섬 옆이 대머리라는 곳인데 그곳에도
2년 가고, 욕지도 1년 가고 그렇게 3년 바깥물질을 다녀와서 결혼을
했다.

소라 헛물에 전복, 성게 그런 걸 잡았다. 합자(홍합)도 땄다. 육지는 그
당시 제주도 사람들밖에 작업을 안 했기 때문에 전주가 제주도 사람들을
인솔해서 가는 것이다. 인솔자는 배 하나에 여덟 사람이 탄다고 하면
여덟 사람을 인솔해서 간다. 물질하는 기간 동안 한 집을 지정해서 방을
빌려서 지낸다. 한 사람이 인솔해서 따라가는 것이다. 6.5%는 전주가
가지고 3.5%는 우리가 가지고 그렇게 계산을 한다. "전주가 바당을
사부니까 우리가 물건 허민 바당 산 값도 주지, 배삯도 주지, 선장비, 또
기관장비도 줘야 해." 전주가 다 선장으로 다니는 것이 아니다. 그래도
바당 좋은 곳에 가서 물질을 하면 돈을 많이 벌어오고, 바당 궂은데 가면
물질을 고되게 하고도 돈은 못 벌어오는 경우가 있다.

바당 좋은 데 가서 살다 보니 어릴 적에도 돈을 많이 벌어왔다. 대섬하고
대머리 사이에 배 다니는 넓은 바다가 있다. 그곳은 규모가 작은 전주는

바당을 살 수가 없다. 그곳 바다에서는 이만큼 큰 돌을 들추면 전복이 네 개 다섯 개씩 다닥다닥 붙어있었다. 예전에는 여기도 전복이 많았는데 이젠 제주도에서 일 년 넘어도 전복 하나를 못 본다. 일 년이면 전복 다섯 개를 못 본다. 8년 전인가 어떤 사람들은 깊은 데 들어가서 900짜리, 800짜리, 700짜리 전복을 이틀에 한 번씩 따오기도 했다. 작년 재작년인가에는 양식장 하는 곳 근처에 가서 160짜리 전복을 잡은 적도 있다. 그곳은 전복 양식장을 하던 곳이다 보니, 재수 좋은 사람들은 근처에서 전복을 타서 온다. 최근 이삼 년 안에는 전복 다섯 개 나온 때가 없다. 500짜리 전복도 나오는 게 없다. 이제 350짜리는 다 양식하는 전복 뿌린 것으로 그것들은 꽁무니에 파란 점이 있다. 파란 점이 없는 것이 자연산이다. 전복 종패를 뿌려서 1년 넘게 살면 그냥 자연산으로 파는 것이다.

여는 많아도 먼바당에
소라 하는 여는 따로 있어

육지 물질 3년 다녀오고 23살에 결혼했다. 결혼하고는 애기 낳고 농사도 짓다 보니 육지 물질은 더 이상 갈 수가 없었다. 애기를 여러 명 낳다 보니 물질을 쉬다가, 5남매가 모두 돌을 지낸 다음에야 메역 조무는 일을 시작할 수 있었다. 메역은 가에서 하는 거어서 가능했다. 그러다 애들이 크고 나서 집중적으로 해녀 일을 시작했다. 성게도 조물고 소라도 조물고 우미도 뜯고 그냥 바다에서 계속 일을 했다. 한동 바다도 세지만 주의보만 안 내리면 서로 의논해서 바당에 들어간다. 두물 서물 너물 되면 파도가 세도 주의보만 안 내리면 물에 든다. 또 처음에 일어난 바람이면 들지 말자, 이렇게 의논해서 물에 든다.

코지 같은 데는 소라도 많이 올라온다. '톤지미'의 별칭이
'구젱기여'이다. 또 너럭치미, 섯다움, 좀반지 하는 여들이 있다. 여는
많아도 먼바당에 소라 하는 여는 따로 있다. 또 전복은 생각지도 못한 데
있다. 요만큼한 돌이 있으면 옆에 전복이 탁 붙어있을 때도 있다. 이제는
전복이 많이 없지만 소라를 줍다 보면 가랑이처럼 요렇게 벌어진 곳에도
전복이 가서 확 붙어있다.

물건을 보아도 숨이 다 되어 위로 올라와 버리면 그 자리를 다시 찾기가
어렵다. 그래서 만약 소라를 찾으면 표시를 해놓고 온다. 그것을
표식으로 그 자리로 돌아가서 물건을 따온다. 소라를 잡을 때 옆에
감태가 있으면 덮여 버린다. 물이 이리 갔다 저리 갔다 하면 물건이 안
보이기 때문에, 감태 두 개를 확 매어 두고 온다. 그래서 전복을 찾는다.
여에 붙은 물건의 경우에는 주로 물에 다니는 사람들은 "어느만이
싯다. (얼마큼 있다.)" 하는 것을 알고 있다.

3월 초이틀

섯동 탈의장에서 하는 해녀굿

한동의 본향은 송당에서 가지 갈라 온 당이다. 한동은 포구는 형성이 안
됐지만 남당이라는 명칭의 당이 있어서 배 하시는 분들이 그곳에 가서
제물을 차리고 제를 지낸다. 요즘은 해신제라고 부르지만 옛날에는
바당굿이라고 했다.

해녀굿은 매년 음력 3월 초이틀을 정해서 섯동 탈의실에서 한다.
옛날에는 스님을 모셔다 해녀굿을 하다가 1993년부터 심방이 하는
해녀굿을 해왔다. 해녀가 미역도 채취했는데 자꾸 사고가 났다. 매년 한

사람씩 바다에서 사망하는 사고가 났다. 나이 드신 분들이 공을 안
들인다고 해서 시작하게 된 것이다. 스님을 모셔서 지내다가 책임자가
바뀌면서 무속인으로 돌아갔다. 2009년부터 심방을 데리러 굿을 했다.
아침 8시부터 시작하면 3~4시면 끝난다. 심방은 그때그때 인연이 맞는
사람으로 부르는데, 이문자 심방이 2019년까지 다니다가 2020년에는
김돌산 심방이 다니기로 했다.

제물은 화려하진 않지만 도제상으로 한 상을 크게 차린다. 무속인한테
다 맡겨 제물을 준비한다. 굿하는 데 필요한 제물은 심방 쪽에서 알아서
차려오고, 일반 음식들은 어촌계에서 공동으로 준비하는 것이다.
굿이 끝나면 바다로 가서 지를 들인다. 지는 용왕지 하나, 몸지 하나, 한
사람이 2개씩 준비한다. 가족 수별로 하나씩 준비하는데, 아기가
다섯이면 다섯 개 몫대로 다 준비한다. 만약 가족이 5명이면 10개, 한
사람이 두 개씩 준비하는 것이다. 또 어멍 아방 하면 7개니까 총 14개를
싸야 한다. 또 부모들이 배를 해왔으면 선왕지라고 해서 그걸 하는
사람은 따로 준비한다. 배 하는 사람은 선왕지도 하는 사람이 있는데,
한동에는 그런 사람이 없다.

정월보름 요왕맞이,

물질 시작한 날의 마른지 싸기

해녀굿이 해녀 전체가 참여하는 것이라면 요왕맞이는 개인적으로 하는
것이다. 주로 정월 보름에 요왕맞이를 많이 하고, 8월 추석에도 하고
싶은 사람은 크게는 안 해도 무당을 불러다가 초청해 놓고 하는 경우가
있다. 며칠에 요왕맞이를 하겠다고 하면 심방이 오는데 보통 2~3사람이
함께 초청하는 경우가 많다. 집에서 과일 등 제사 모시듯이 제물을

차리고 지를 싸서 온다. 떡 같은 것은 안 하고 간단하게 차린다.

요왕맞이는 이녁 바다만씩 한다. 동동은 동동 해녀탈의장 앞에서 하고, 섯동은 섯동네 바다에서 한다.

또 이번 물질이 끝나고 다음 물질을 하러 가는 첫날에 요왕지와 몸지를 싸서 간다. 마른지로 싸는데, 종이에 쌀을 놓은 다음 그 속에 10원짜리 동전을 놓고 함께 싸서 지를 만든다. 남들이 다 물에 빠지면 그것을 물 아래 놓고 헤엄쳐 간다. "이렇게 이렇게 합니다." 해서 이녁 속마음으로 비는 것이다. 이것은 사람마다 다 하는 것이 아니다. 새해 들어 새로 물질을 시작할 때 쌀로 지를 싸고 지 하나에 십 원짜리 하나씩 하고 소주 한 병을 가져가서 그렇게 하고, 매번 물때마다 하는 사람도 있다. 아니면 물질 막았다가 10월 1일 소라 튼다고 하면 그날 하는 사람도 있다.

내 마음이 괴롭거나 하면 바다에 들기 전에 하기도 한다. 만약 세 명이 함께 간다고 하면, 눈(수경)도 닦고 물에 들어갈 준비를 한다. 그러면 그 사람들보다 조금 늦게 물에 빠진다. 미리 준비해 두었다가 다른 사람들이 바다로 나가고 나면, 몰래 지를 돌 밑에 놓고 물질을 시작하는 것이다. 그것도 사람마다 해녀가 열이면 열 안 하고, "나가 아이고 오늘 마음이 호꼼(조금) 괴롭다." 그러면 집에서 싸고 와서, 남이 못 보게 고무 모자 속에 숨겨 놓았다가 남이 안 보게 해서 하는 것이다. "내가 요왕님신디 인사를 했구나." 하는 마음으로 하는 것이다. 미신은 아니지만 그런 것이 있다.

어촌계원은 236명,

현직 해녀는 85명

한동은 모두 4개 동인데 해녀탈의실은 2곳이다. 섯동 탈의실은 3개 동이

합쳐서 물질하는 곳이고, 동동 탈의실은 동동 해녀들만 사용한다.
1조합, 2조합, 4조합이 섯동 탈의실을 이용하고, 3조합은 동동 탈의실을
이용한다. 동동의 경우에 매일 입어하는 분은 31명, 우뭇가사리 하는
분들 포함하면 65명 정도가 된다. 총회장은 행정만 보고 웃동, 알동,
계륜동 등 4개 동에 회장이 따로 있다. 한동리 어촌계원은 236명이고
현직 해녀는 85명이다. 10월 1일부터 5월 31일까지는 소라를 채취하고,
5월 31일부터 9월 30일까지 금채 기간이다. 제주시 수협 관할은
공통적이다. 톳이나 이런 것들은 일정을 정해서 한다.
한동에서는 바다를 공동으로 사용한다. 톳 할 때는 돌아가면서 이
조합이 한번 하면 다음에는 다른 조합이 하는 식이다. 톳은 바다를
4개로 나누어서 한다. 그런데 요즘은 톳 값이 안 나간다. 작년에는 톳
판매가 안 돼서 230여 명 어촌계원 중에서 작업에 참여한 사람이 같이
나누었다. 나간 사람들 구역만씩 톳을 해서 하나씩이라도 나눴다. 주고
싶은 사람도 주고, 먹고 그렇게 했다. 천초는 같이 하는데, 오늘 하루
물질을 하면 내일은 저 바다에서 하고 또 하루 하고 그렇게 해서 다 같이
하는 것이다.

새로 시작하는 해녀들을
챙기는 것도 우리의 일

물에 들어갈 때는 기분이 좋은 걸로만 해서 가야지 기분이 궂다 하면
마음이 불안해서 안 된다. 들어갈 때는 물건을 많이 잡든 못 잡든 편안한
마음으로 들어가야 한다. 해녀 일을 하면서 남도 하니까, 아이고 이것이
귀찮다, 왜 이걸 나가 해야 하나 그런 생각은 못 해봤다. 만약 공무원
생활을 하다 들어오거나 했으면 "그 공무원 생활만 할걸, 아 공무원

생활하다 보니까 이게 수입이 한 달 월급보다 이것이 많으니까 이것이 좋다.” 하는 생각이 있을 것인데 이 일만 하니 그런 생각이 없다.

물질은 아침에 8시까지 가서 9시에 물에 드는 걸로 하면 이녁이 오늘 일당으로 요것만 해서 가겠다 하여 일찍 가는 사람은 일찍 가고, 먼바당까지 왔으니 욕심내서 더 해야겠다 하는 사람은 또 돈을 더 많이 번다. 벌 때는 많이 벌고 못 벌 때는 또 못 벌고 차이가 많이 난다.

바다에서 하는 것은 소라 잡는 일, 미역 하는 일, 무시거 하는 것 해도, 파도가 세지 않아서 일주일 내내 작업만 하게 되면 돈이 적지는 않다. 5년 전 소라 값이 많이 나가서 5천 원씩 할 때는 돈이 됐다. 그런데 이제는 소라를 70킬로 잡아와도 유네스코라고 해서 보조금이 나오니까 그거 보태면 4,100원 4,200원 그 정도 나간다. 돈 버는 것은 그렇게 옛날 같지 않다.

지금 새로 시작하는 해녀들이 몇 명 있다. 해녀학교를 졸업하고 들어오는 아이들도 있고, 자진해서 들어오는 아이들도 있다. 그 아이들에게 “파도 칠 때는 그런 데로 가지 말고 옆치기로 히어라, 파도 쳐서 뭐 할 때는 우리가 깊은 데로 가불민 가에서 하는 사람 요 삼촌 조름(뒤)에 종종종 따라가야지 너만 해서는 안 된다.” 이런 것을 가르쳐 준다. 경험 있는 사람 조름을 따르면 그 사람이 그 아이를 살피면서 가는 것이다. 파도가 치면 해녀들을 끌고 가버리기 때문에 아이들을 잘 챙겨준다. 그런데 새 잠수들이 잘 따라 해서 물질을 잘 한다.

해녀 목숨 구하고,
병을 얻어 돌아온 육지물질

- 신승희(구좌읍 평대리, 1949년생)

남원을 떠나
성산포에 자리 잡은 가족

친정은 성산포이고 평대로 26세에 시집을 왔다. 할머니 할아버지를
모시고 열한 식구가 한집에서 살았다. 오빠도 결혼해서 나가고, 언니도
결혼하면서 뿔뿔이 흩어져서 칠팔 명의 식구만 남았다. 뒤에는 할아버지
할머니도 돌아가셨다. 학교는 초등학교밖에 못 다녔다. 그때 당시는
사는 것이 어려웠다. 친구들은 중학교까지 나온 아이도 있고, 또
부잣집에는 고등학교까지 나오는 경우도 있었지만 대학교까지 나온
아이는 별로 없었다.

실제로는 49년생이고 주민등록증에는 51년생으로 되어 있다. 원래
본적은 남원읍이다. 그런데 아버지가 성산포로 와버렸다. 아버지가
일본에서 13년 동안 살면서 돈을 벌어 할아버지한테 보내서 밭도 큰 거
두 개를 샀었다. 그런데 제주도로 들어와 보니까 밭도 없고 돈도 없고
남은 것이 아무것도 없었다. 그래서 아버지가 할아버지 집을 떠나서
성산포로 온 것이다. 나와 동생은 성산포에서 태어나고, 그 위의

형제들은 몇 명은 일본에서 태어나고, 또 몇 명은 남원에서 태어나고
그랬다.

물질도 하고, 자갈치시장에

물건 보내 장사하고

해녀 물질을 하기 전에도 친구들과 바다에서 놀면서 헤엄치는 것을
익혔다. 방학 때 친구들하고 헤엄을 치러 가면 벗고 다녔다. 그러다가
추우면 돌에 가서 딱 엎드려 있었다. 햇볕에 따뜻하게 데워진 돌로 몸을
데우고 나면 "우리 또 물에 들어가자." 하고 풍덩 빠져서 바닷속을
누볐다. 그렇게 하면서 헤엄하는 것을 배웠다. 초등학교 끝나서 해녀
일을 배우게 됐다. 물이 싸면 콕박새기[116]를 만들어 안고 작은 안경을
끼고, 가시리도 매고 돌우미도 매어서 말려 팔았다. 그때는 그게
돈이었다.

열여섯 열일곱 되어가니까 미역도 하게 되었다. 그때부터 장사를
시작했다. 스무 살 이전에 장사를 3~4년 했다. 친구들이 "야, 너 전복
장사나 해보라." 했다. 조금 머리가 돌아가니까 이젠 해녀도 하고
공장일도 다니고, 시간 되어 물건 날 때 되면 물건을 받으러 갔다.
물건을 받아가지고 모아서 바닷물에 담가둔다. 배가 오는 시간이 되면
부두에 그것을 지고 가는 것이다. 양이 많을 때는 리어카로 끌고 갔다.
또 연평(우도) 것도 사서 보냈다. 연평에도 언니들이 몇 있어서 배편으로
잡은 것들을 보내주었다. 그러면 그것을 받아서 부산으로 보냈다. 어릴

---

116   박으로 만든 테왁.

때 장사를 하다가 육지물질 나오면서 장사를 접었다.

어렸을 때부터 물질을 했다. 중간에 해녀 하면서 물건을 받았는데, 전복하고 해삼만 받았다. 소라는 공장이 있어서 받는 사람이 따로 있었다. 소라는 공장에서 통조림을 만들어서 수출을 많이 했다. 전복도 수출했다. 그때 전복과 해삼을 받아서 부산으로만 출하했다. 옛날에 국남호, 남영호가 있을 때여서 배로 실어 보냈던 것이다. 당시에 장사를 3~4년 하다가 장사를 때려치우고 육지로만 다녔다. 해삼은 요만한 뚜껑 있는 것에 검은 헝겊을 덮어서 묶어서 보내고, 전복은 광주리에 비닐을 깔고 덮어서 포장한 다음 이름을 써서 보냈다.

부산 자갈치시장에 있는 상회로 물건을 보냈다. 친척 고모가 자갈치시장에서 장사를 했는데, "야, 해삼하고 전복 사서 보내라. 전복하고 해삼 이만큼 보내라."라고 연락이 왔다. 고모가 알선을 해주어서 장사를 시작하게 된 것이다. 그때는 전화도 없고 우편으로 편지 써서 소식을 보내던 때였다. 소개로 물건을 보내면 한 일주일이 지나면 편지도 오고 돈도 송금해주었다. 그러면 이젠 잘 받았습니다 하는 편지를 써서 보냈다. 그렇게 물질도 하고, 시간 되면 물건을 받아 판매도 했다.

해녀 목숨 구하고,
병을 얻어 돌아온 육지물질

스물한 살부터 육지물질을 다녔다. 한산도 대섬, 죽도에도 2년 갔다 왔다. 언니가 바다를 사서 미역 할 때 1년 가서 해주고, 또 욕지도에 가서도 해주고, 한산도 지방에 4년, 강원도에서도 1년을 살았다. 성게 잡는 곳에 가더라도 성게 대신 소라와 전복을 잡았다. 13명이 한

동아리가 되어 숨비어도 거기서 1등 2등만 했다. 그래서 소라나 전복만
하지 성게는 안 했다. 성게는 잡은 다음에 가서 장만하는 일이 번잡하여
하기가 싫었다. 돌을 하나 이렇게 탁 뒤집으면 세 마리 네 마리씩 엎어져
있었다. 그러면 손으로 박박 긁어 오는 것이다.

육지물질 갔을 때의 일이다. 스물네 살 나던 해에 해녀가 물숨을 먹어
내려간 것을 건져서 살린 일이 있었다. 나보다 세 살 위의 언니였다. 그
사람은 전복 두 개 타고 나와 함께 숨비었는데, 분명히 그 사람이 먼저
올라왔는데 아무리 찾아도 사람이 보이지 않았다. 물이 맑아서 다
보였는데, 전복하고 비창은 이미 내려갔고, 사람도 반쯤 밑에 내려가는
것이 보였다. 그때는 고무옷 안 입고 속옷 까불이 할 때여서 숨비어

들어가서도 이걸 딱 잡지를 못했다. 그래서 허리를 딱 안아서 위로
올라왔다. 끌어올리니까 살자고 하니 테왁에 들어 올려졌다. 테왁을
잡고 사고가 났으니 빨리 오라고 배를 막 불렀다. 사람들이 그 모습을
보고 장난하는 줄로만 알았다. 다행히 그곳에서 섬까지 거리가 가까워서
다행이었다. 나의 테왁과 그 사람 테왁 두 개를 딱 잡고 밀려서 왔다.
평대로 시집오기 전이어서 성산포에 살 때였다. 시집오기 전 처녀 때에
육지물질 가서 사고를 만난 것이다. 같은 날에 성산포에도 해녀 사고가
났다. 선배 언니는 물숨 먹어서 죽고, 나는 해녀를 살렸다. 성산포가

파다하게 소문이 났다. 그 일로 한 20일을 아팠다. 바짝 말라서 겨울 스웨터를 입고 제주도로 들어왔다. 어머니 아버지가 그 모습을 보고 깜짝 놀랐다. "야 승희야, 이거 어떻헌 일이고. 다행히 사람은 살렸주마는 이거 어떻한 일이고." 바당에 가서 쉐풀이도 하고, 송애기(송아지)도 하나 먹었다. 옛날에 여기 덕종이 아방이 살았는데, 거기에 찾아가서 침도 맞았다.

그러다 평대로 시집을 와보니 그 언니가 시집을 와 있었다. "언니 오랜만이우다양." 하고 인사를 했다. 그렇게 목숨을 살려주었으면 나를 한번 찾아볼 만했건만 그렇게 하지 않았다. 그 언니는 육지에서 그대로 물질을 하고, 나는 병을 얻어 제주로 들어온 것이다. 그때 당시 아파서 물질을 할 수가 없었다. "혼 빠져부니까 그렇게 아팠어. 밥도 못 먹고 빼짝 말라 갖고 말도 못 해. 겨울 쉐타를 입고 왔다니까." 당시에는 많이 섭섭했지만 지금은 조금 마음을 크게 먹고 살고 있다. 그때 당시는 같이 살아짐 직하지도 않았다. 너무 덤덤해서 미안하다 고맙다 말 한마디가 없었다.

부모님의 뜻을 거역할 수 없어서 억지로 한 결혼

결혼을 안 하려고 제주도에 안 들어왔다. 오빠와 아버지가 "야 승희야, 남자는 괜찮겠더라. 그런데 외아들이라부난."이라고 말하면, 나는 외아들에게는 절대 시집을 안 가겠다고 고집을 피웠다. 그래서 성산포에 있는 동창 친구들이 나하고 연애를 하려고 해도 오빠도 무섭고 아버지도 무섭고 그래서 아예 친구로만 지냈다. 그러다가 두 번 세 번 만났을 때, 부모님이 또 "야 승희야, 별난 사람이 없다. 사람이 순하고

괜찮겠더라."라고 했다. 그래서 "좋덴 허는 사람이 결혼합서."라고
대들었다. 나는 계속 "아버지 난 아니우다. 아버지 갑서. 오빠 갑서."
하며 말을 듣지 않았다. 하지만 부모님의 말을 거역할 수가 없었다.
그렇게 결국은 결혼을 했다.

시집을 와보니까 성산포에 비해 평대는 촌이었다. 그에 비하면 성산포는
관이라 할 수 있었다. 아버지가 꽃을 좋아해서 우리 집 주위에는 전부 다
꽃밭이었다. 미국에서 오신 분들이 절간인 줄 알고 들어오는 경우도
있었다. 거기는 누룩돌이라서 빗물이 내리면 돌 밑으로 물이 떨어지니까
비가 오면 그릇을 받아서 그 물을 떠먹었다. 당시에 수도가 있었지만
빗물도 이용했다. 그분들이 와서 약수터에서 물 한 모금 마시며 물
좋다고 그렇게 하면서 지냈다.

그런데 이제 친정에는 다 돌아가시고 아무도 없다. 조카는 대전에
사는데 땅만 남았다. 그렇게 결혼 후에 억척같이 해서 이층집 지어서
사는 것이다. 고생도 많이 했다.

결혼 후에 남편이 시에서 서점을 했다. 저기서 2년 여기서 3년 총 5년을
했다. 서점을 그만두고 평대로 들어와서는 본격적으로 물질하고 농사도
짓고, 활동을 많이 했다. 몸은 닳아져도 그런대로 살았다. 살면서 힘든
점도 많았지만 좋은 점도 많았다. 남편이 일본에 가서 12년을 살았기
때문에 혼자서 애들을 다 키웠다. 혼자 농사짓고 애들 키우며 살았다.
남편이 돈은 조금 보냈지만 자기 사업하다가 실패하니까 그 빚을 갚으러
일본으로 튀어버린 것이다. 그래서 혼자 살았다. 해녀회장도 하고
물에도 다니고 밭에도 다니면서 그렇게 살았다. 하우스에서 고추도
재배해서 판매했다.

애들은 1남 3녀를 잘 키워서 막내딸은 결혼해서 미국에 살고 있고,
아들은 화북에 살면서 아버지도 아프고 하니까 와서 하우스 일을 돕고

있다. 큰딸은 경기도 안산에 살고, 둘째 딸은 이제 시집도 안 가고 여행사에 다닌다.

해녀회장, 연합회장 3선 하고 부녀회장, 동회회장도 하고, 부녀회 총무도 했고, 해녀회 물건 받는 것은 회장직을 하면서 16년을 했다. 여기 와서 회장까지는 안 할 줄 알았다. 처음은 동부녀회 총무를 맡았고, 다음 해에 회장을 맡았다. 잠수회장하고 부녀회장을 맞잡아서 하자고 제안했다. 부녀회장은 수고비가 없이 어버이날 행사나 무슨 일 있으면 봉사하는데, 해녀회는 소라를 받기 때문에 신발값이 나온다. 그래서 회원들이 부녀회장 총무로 해서 하십시오 해가지고 정하게 되었다. 연합회장을 3선 했는데, 작년에 회장직에서 물러나 감사가 되었다.

컴퓨터처럼 정확하게
머리에 새겨진 바당 지도

중동네는 명진전복 식당, 거기서 동동 탈의장 가기 직전이다. 지금 저쪽 양어장 물 내리는 호스가 있는데 지금은 시멘트 포장이 되어있는 복판의 여로 갈라진다. 장대코 기준으로 중동과 섯동이 나눠지고, 섯동은 또 한동과 경계이고, 동동은 세화하고 경계가 된다. 옛날에는 그렇게 하다가 지금은 소라 잡을 때는 자기가 가고 싶은 곳으로 간다. 오늘은 저기 가면 소라 있을 거다 하면 동동네도 많이 가고 섯동네도 많이 간다. 소라 올라오는 여가 따로 있어서 알 수 있다. 오늘 가서 잡고 뒷날 가면 또 소라가 있다. 한 4~5미터 나가면 돌들이 있으니까 그곳에서 다 올라오는 것이다.

물질을 하다 보면 조름에 따라 다니는 사람들이 있는데, 그러면 욕도 많이 먹는다. 어떤 때는 테왁 위에 올라타서 이 언니가 어디 갔고

살피기도 한다. "야 임마, 여기 쪼끔인디 왜 여기 왔나."라고 핀잔을
줘도, "언니, 나 여 잘 모르난 언니 찾아왔어."라고 하면 욕을 하다가도
멈춰진다. 바다니까 어쩔 수가 없는 것이다. 잘 모르니까 나를
찾아다니는 것이다. 소라가 잘 먹는 데가 따로 있다. 물에 딱 빠지면
어디 가면 무슨 여 어디 가면 무슨 여, 컴퓨터처럼 정확하게 알고 있다.
그래서 쭉 직통으로 찾아가면 소라가 올라와 있다. 나 잡아가라
기다리고 있다. 보이면 한숨에 일곱 개 여덟 개도 잡고 올라간다. 그런
곳은 바다가 좀 깊다.

사고 나면 바다를 깨끗하게 해야
마음 놓고 작업할 수 있어

평대에는 심방들이 많이 있었다. 신당도 여러 곳이 있는데, 본향과
수데깃당, 정순이빌레에도 당이 있다. 본향은 옛날 사태에 불을 질러서

사라졌었다. 심방은 조상을 내버릴 수도 없고 조상은 갈 곳이 없으니까, 평대에서 제일 큰심방이었던 박숙희 하르방이 집에 본향을 모셨다고 한다. 상자를 짜서 함을 만들고, 그 안에 옷과 머리채 등을 담아놓았다. 하르방이 돌아가시고, 그 딸에서 손주며느리로 이어서 모셔왔다. 손주며느리 대에 와서 아무래도 애들도 있고 남의 눈에 띄어서 알게 되면 여기 뭐 모셨느냐 해서 남이 웃을까 봐 본향을 따로 모시기로 했다. 그렇게 해서 본향을 모시게 되었다는 역사가 지금도 내려오고 있다. 본향과 수데깃당에는 일 년에 한 번씩 간다. 어떤 사람은 두 번 가기도 한다. 제일은 정월 초일뤠와 열일뤠, 해 바뀌기 전에는 동짓달 초일뤠와 열일뤠이다. 옛날에는 열사흘에도 다녔는데 이제는 사람이 많이 안 다닌다. 이제는 초일뤠 열일뤠만 해서 끝난다. 정월에는 과세문안을 드립니다 해서 가는 것이고, 동짓달에는 시만곡석을 다 거둬서 좋은 걸 따로 났다가 가져간다. 제물로는 돌레떡과 메, 쌀 등을 가져간다. 옛날에는 떡도 동글동글하게 일곱 방울을 만들었는데, 허물떡 또는 방울떡이라고 부른다. 그것은 어린아이들 허물 나는 것을 막기 위해 방쉬하는 것이다.

해녀굿은 매년 하는 것이 아니라 사고가 났을 때만 하는 것이다. 그 영가를 위해서 해녀들을 편안하게 해달라고 비는 것으로 23~24년 전에 해녀굿을 하고는 안 했다. 해녀가 바다에서 사고가 나면 반드시 굿을 해야 된다. 바다를 깨끗하게 청소해야 해녀들이 마음 놓고 작업을 할 수 있다고 해서 바다를 막고 해녀굿을 했다. 해녀탈의장에서 천막 치고 돌아가면서 밥도 해 먹었다. 그때 해녀들이 모두 바구니에 쌀 한 양푼씩 가지고 종이, 술 해가지고 와서는 명세도 걸고 액도 막았다. 그때는 요왕맞이도 하고, 일월맞이도 하고, 영가 청해서 큰굿으로 3일 동안 굿을 했다.

평대에는 영등굿은 없고 영등맞이 갈 때가 되면 심방을 데려다 지를
묻는 사람들이 가끔 있다. 요왕에 간단히 차려서 지를 묻는 것이다.
"요왕님 가는 데 자손들 편안하게 해줍써. 천왕손 지황손 이런 것들 다
걷어 편안하게 해줍써."라고 비념하는 것이다. 영등이 1월 보름에 와서
2월 14일에 나가는데, 연평 즉 우도에서 배를 놓으면 배를 타고
나간다는 전설이 전하고 있다. 해녀들이 한 달에 한 번 용날과 개날에
많이 간다. 음력 정월 10일 이전에 요왕맞이를 하는데, 메와 간단한
제물을 차리고 심방을 모셔서 한다. 이때 생쌀에 십 원짜리 동전 몇 개를
넣어서 지를 싸서 들이치는 사람도 있다. 한 달에 한 번 지 드리는 것은
자기대로 하는 것으로 그것도 심방 청해서 하는 사람도 있고 자기대로
생쌀로 하는 사람도 있다.

수출길이 막혀서
판로를 잃은 소라

물살은 성산포나 여기나 마찬가지다. 물조리 따라 좀 앞당겨서 작업할
때는 물살이 좀 덜 흐릴 때는 아끈조기 한조기 한 물 두 물 서물까지는
해녀들이 좀 편하게 물질을 할 수 있다. 너물날부터 일곱물날까지는
물살이 세서 못 한다. 물살이 세면 해녀들이 그냥 바다에 흘러내려서
닻을 놓고 해도 안 된다. 평대에 처음 시집와서는 평대 바닷속을
몰랐지만 이제는 거의 다 알고 있다. 그런데 이제는 먼바다는 심장병이
있어서 못 나간다. 심장병 시술한 지가 12년 되었다. 아직까지 가는 데
까지는 갈 수가 있다. 소라를 잡으려면 그곳에 안 가면 못 잡는다.
그래도 중바당에라도 가면 요런 거는 잡을 수 있다.
여기는 전복이 별로 없고 소라, 성게, 천초 우뭇가사리가 주로 난다.

연합회장을 할 당시에 우뭇가사리 작업을 하는데, 한 사람이 보통 스무 마대씩 해갔다. 그때 당시는 엄청 잘 났다. 요즘에 와서는 오염이 되어서 수확량이 많이 줄어들었다. 소라는 보편적으로 많이 잡고, 천초는 예전 같지 않다. 소라는 올해는 덜 난 편이다. 작년에는 가에서도 한 물찌에 100킬로씩 잡았는데, 올해는 수출길이 막혀서 작업도 며칠 못 했다. 한 이틀 하면 다른 동네에서 소라가 많이 나서 물량이 차버리면 스톱, 한 배 차면 스톱 하니까 우리도 이삼 일 해봐야 거기를 따라가질 못하는 것이다. 그래서 이번만큼은 소라를 못 잡고 넘어갔다.

바다가 오염되어서 감태도 다 썩어 버리고, 소라 나는 바다에 가보니까 바다가 다 썩어 있었다. 염분기로 잡초가 나서 생산을 해야 소라가 그 속에 가서 먹기도 하고 숨으면서 좀 오래 사는데, 보이면 다 잡아버리니까 소라가 붙을 수가 없다. 또 소라가 먹을 게 없으니까 소라도 없는 것 같다. 해녀들도 이제 많이 없다. 평대어촌계는 해녀가 어촌계원이다. 각 동에 해녀들이 다 있다. 연말이 되면 연합잠수회 총회를 열어 지난해에 생활했던 기록을 발표하면서, 전년도에 잘못된 거를 고쳐라 앞으로 어떤 방식으로 해라 등을 가린다.

평대는 동동, 중동, 서동 3개 마을에 해녀가 따로따로 있고 총회장이 물건을 받는다. 탈의장도 따로 있다. 옛날에는 경계가 다 나뉘어 있었다. 그런데 중간에 한 어촌계장님이 합쳐버렸다. 합쳐지니까 이 동네 사람도 알아지고 저 동네 사람도 알아지고 하는 장점도 있다. 옛날에 딱 갈라버릴 때는 자기 동네 사람 외에는 서로를 잘 몰랐다. 그러다 보면 경계 싸움하느라고 돌을 던지고 몽둥이로 치고 난리가 나기도 했다. 그래서 이게 아니다 해서 합쳐버렸다. 아직도 말을 안 듣는 사람들이 있어서 난리가 날 때가 있다. 천초 할 때는 고동 불기 전에는 물에 들지 말고 기다려야 하는데, 고동 불기 전에 벌써 빠져서 히어가 버리는 사람들이 있다. 천초 있는 데까지 히어 가는 것이다. 숨비는 사람 있고 기다리는 사람 있고 그러다 보면 소동이 벌어진다. 기다리는 사람은 기다린다. 대개 보면 상군들, 물질 잘하는 사람들이 먼저 간다. 천초 작업은 시간 물질을 한다. 시간 물질을 하기 때문에 고동 불면 나와야 한다. 평대 바다 전체를 한 번 돌아가는데 보통 한 동네에 두 번씩 돌아온다. 그전에는 한 번씩 했는데, 그렇게 하면 너무 지루하다. 한 군데 해놓고 넘어가면서 해야지, 딴 데로 가면 이쪽에 안 오는 사람이 저기 것을 다 해버리는 것이다. 그래서 이번에는 약속을 안 지키는 동네가 있으면 아예 물질을 못 하도록 정했다. 돌아가면서 시간대를 정해서 이 동네 한 번 하고 저 동네 한 번 하고 두 번씩 다 돌면 또 돌아간다. 두 번씩 도는데 시간을 늦춰서 또 돌고 나면 나중에는 바다를 모두 다 튼다. 그때는 자기가 각자 가고 싶은 대로 갈 수 있다. 두 번씩 돌고 나면 가고 싶은 곳으로 자유롭게 하지만 시간은 딱 정한다. 고동 불면 다른 동네는 못 알아들어도 시간이 어느 정도 되면 들어가서 하는 사람은 하고 양심상 기다리는 사람은 기다리고 그렇게 한다.

다시 일어서게 한
친정어머니의 욕바가지

- 김옥선(구좌읍 평대리, 1953년생)

부모의 권유에
억지로 한 결혼

18살에 물질을 시작했다. 고향은 한동이고 평대로 시집을 왔다.
한동에서 물질 배우다가 물질이 잘 되니까 육지로 나갔다. 만리포, 여수,
충남 대천 그런 곳으로 다녔다. 여시매라는 섬이 있는데 그곳에 가서
해삼잡이를 4년간 다녀와서 시집을 갔다. 잠수해서 해삼을 잡았다. 만
원 벌면은 오천 원은 내가 가지고, 오천 원은 사장이 갖고 그랬다.
그때는 왜 그랬냐면 잠수 사장이 바다를 사서 해버리니까 어디 가도
그렇게 했다. 이제는 비율을 어떻게 하는지 모르는데, 우리 할 때는 반씩
분배했다. 만원 벌 면은 오천 원씩 오천 원씩 나누었다.
결혼하기가 싫었지만 어머니와 아버지가 시집만 가라고 했다. 일본으로
수출 다니는 배도 있으니까 거기만 시집을 가라고 했다. 옛날에는 배만
타면 빨리 성공한다고 해서 거기만 가라가라 했다. 그때 당시에도 부모
말을 거역할 수가 없었다. 할 수 없이 연애도 한 번 못 해보고 이거
말하면 창피한 일이지만 얼굴도 안 보고 그냥 시집을 갔다.

한번은 약혼을 했다고 찾아왔는데 내가 기절을 하고 나자빠진 적이
있다. 머리도 막 뻐치고 방에 팔 붙인 채 있는데 나오라고 나오라고 해서
할 수 없이 나왔다. 머리도 엉망이어서 고개를 숙여서 보지도 않고
얼굴을 처박고 있었다. 고개를 숙이고 있어서 얼굴을 쳐다보려고 해도
못 보니까 물을 떠달라고 부탁했다. 그렇게 하면 얼굴을 볼 줄 알았지만,
어머니에게 물을 떠달라고 부탁해서 어머니가 물을 뜨러 갔다. 얼굴 한
번 보려고 "물 한 그릇 주세요. 물 한 그릇 주세요." 했는데, 내가 갈 줄
알고 한 것이다. 그런데 나는 가기 싫은 시집이었다. 약혼하기 전에
중매를 한 일 년 동안 넣었다. 우리 어머니 아버지는 좋다고만 좋다고만
하고, 나는 싫다고만 하다가 나중에는 내가 병이 나버렸다. 병이 나니
육지 가서 작업을 못 했다. 그쪽 전주 아저씨에게 어지러워서도 못 하고
막 못 하겠다고 하니까, 그 사장님이 나를 병원에 데리고 갔다. 그때
영양제인가 뭔가를 하나 놔주니까 그 후엔 어지럽지도 않고 밥만 잔뜩
먹고 살만 쪘다. 그때까지도 결혼을 안 하려고 했다.

그때는 글을 써가지고 전보를 치던 시절이었다. 며칠날 간다고 내가
전보 보낼 때는 시아버지가 살아있었다고 한다. 전주 아저씨가 섬에서
나와서 계산을 해주는데, 작업 들어갔던 우리 열 명 몫의 계산을 빨리 안
해 주는 것이었다. 한 이삼 일을 미루었다. 그러다가 돌아와 집에 딱
떨어지니까, 충남에서 이리 오니까, 열한 시쯤 되었을 것이다. 아버지가
"야, 니네 시아버지가 돌아가셨다."고 소식을 전했다. 내가 집에 왔다고
하니까 전화를 했다. 그래서 거기를 가니까 내가 가자마자 우리
시아주버님도 오고, 큰아버지도 오고 막 데리고 왔다. 안 갈 수도
없었다.

장례를 잘 치루고 한 달 두 달이 지났다. 결혼을 두어 달 남겨두고 내가
결혼 안 한다고 팔팔 뛰어서 난리가 났다. 그래도 어쩌다 보니까 1월

1일에 할 수 없이 어거지로 결혼을 하게 되었다. 결혼을 했는데 같이 있고 싶지를 않았다. 그냥 배 타니까 한 달 반, 이십 일 이렇게 있다가 집에 왔다. 남편이 집에 돌아오면 "언제 배 가나. 아이고 언제민 가나." 그러다 보니까 아들이 하나 생겨서 낳고, 할 수 없이 그래저래 살았다.

일본에서 돌아오지 않는
남편에 대한 원망

결혼을 하고 너무너무 힘들게 살았다. 남편이 일본배를 타다가 내가 한 서른 몇 살쯤 되었을 때 일본에 가서는 팔 년 동안 돌아오지 않았다. 처음 이 년 동안은 돈을 보내주더니 그 이후로는 소식이 없었다. 말을 알아가니까 빠찡꼬에 빠져서 돈을 모두 거기에 탕진한 것이다. 먹고 싶은 거 다 먹고, 하고 싶은 거 다 하면서 지낸 것이다. 애기들 키우는 데 들어갈 돈 보내라고 해도 소식은 깜깜이었다.

애기는 아들 하나 딸딸딸 넷을 낳아놓았는데 한창 돈 들어갈 때도 돈을 안 보내줬다. 수업료도 내야 하고, 애들 옷이랑 다 돈이었다. 애기들이 아장아장 걸을 때 일본으로 가버린 사람이라, 이제 중학교까지 가니까 돈이 필요하니 보내라고 전화를 하면 쓸 데가 없다고만 했다. 내가 물질을 안 하면 애들이 굶을 판이었다. 시집을 와보니까 아무 것도 없이 몸뚱어리 하나뿐이었다. 살기도 싫었고 또 맘에도 들지 않았지만, 그렇다고 새끼들 낳아놓고 그냥 갈 수도 없었다. 내가 가버리면 시아버지도 돌아가시고 시어머니도 돌아가셨지, 아무도 없었다. 친정어머니 한 분 살아 계신 게 전부였다. 어디 맡길 곳도 없었다. "내가 가버리면 이 애들이 고아가 되겠구나. 고아가 되면 안 된다."라는 마음으로 참고 참았다. 힘들어도 물질하면서 넷 다 공부를 시키고 결혼을 시켰다. 아들까지 결혼시킨 것이 한 삼 년 넘었다. 자식들도 다 결혼하니 이제 내 세상이다. 이제는 나는 다 버리고 좋은 것만 보고 물질이나 한번씩 하고 살아야겠다고 생각했다.

남편은 마흔둘에 또 일본으로 가서 한 8년쯤 살다가 왔는데, 8년 동안 집에 한 번도 안 왔다. 8년 만에 밀항으로 걸려 가지고 집으로 왔다. 와서 보니 돈 벌어온 게 오만 엔뿐이었다. 설마했는데 딱 오만 엔 벌어와서는 우리나라 돈으로 바꿔왔다. 집에 와 보니까 아이들이 다 커서 중학생이 되어 있었다. 남편은 애기들이 유치원 다닐 때 봤는데 이리 큰 것을 보고 놀랐다. 그것도 좋았다. 하지만 이만큼 아이들 혼자 키우는 동안 돈 십 원도 보내주지도 않았으니 가라고 했다. 한 달을 그렇게 싸웠다. 싸우려 들면 남편은 이불을 머리까지 둘러쓰고 내 말을 안 들으려고만 했다. 내가 옛날 그 얘기들, 그 어려운 거를 다 말했기 때문이다. 하지만 귀를 막고 안 들었다. 왜 내가 말하는데 안 들느냐고 이불을 확 걷어버리고, 집에서 나가라고 했다.

그렇게 싸우다 보니 내가 지쳐서 나자빠졌다. 남편도 미안했던지 한 6개월은 배를 타고 돈을 벌어왔다. 돈을 벌어서 30만 원도 가져오고 40만 원도 가져왔다. 그때는 "아이고, 이젠 내가 살아지겠다." 하고 어깨를 펴고 살았다. 그러다 8개월, 9개월 지나니까 기침을 캉캉캉 하기 시작했다. 기침을 한 달 두 달을 하더니 그러다 폐로 갔다. 제주에서 진찰을 하니까 큰 병원에 가라고 해서 서울 큰 병원에 갔더니 폐암 3기라고 했다. 서울에서 4개월 동안 살며 있는 돈 까먹고 집 하나 있는

것도 다 까먹었다. 남편은 살리지도 못하고 돈은 돈대로 없어졌다.
그때는 수중에 돈이 십 원도 없었다.

다시 일어서게 한
친정어머니의 욕바가지

그때는 애들이 다 중학교 고등학교 다니면서 공부할 때니까 정말 정말
힘들게 살았다. 한번은 내가 아파서 나흘을 밀가루로 수제비만 만들어
먹였다. 아이들이 이틀은 맛있게 잘 먹더니, 삼 일째는 "엄마 나 못
먹겠어."라고 했다. 그때는 전화를 할 데도 없고 돈도 없고 내가 아파
누워 버리면 내일 아이들이 학교에 갈 차비가 없었다. 돈 삼천 원이
없어서 여기 꾸러 가고 저기 꾸러 다녔다.
열흘을 앓다가 친정엄마한테 전화해서 "어머니, 나 이렇게 아파서 애들
다 굶었수다."라고 했다. 아이들이 굶는다고 하니 어머니가 집으로
왔다. "야 이 미친년아. 니가 돌지 않았느냐. 왜 여기 누워이시냐. 이
새끼들은 해 놔놓고 누구를 누구를 나신디 오라고 하느냐."며 욕을 욕을
했다. 아픈데도 친정엄마한테 욕을 들은 것이다. 안 그래도 서러워
죽겠는데 친정엄마에게 욕을 들으니 더 서러웠다. 그렇게 나한테 실컷
욕을 해 놓고는 이제 신랑한테 욕을 하기 시작했다. "개놈의 새끼,
이추룩 돈 십 원도 안 보내주고 힘들게 지내는데, 내가 너를 그 시집을
보낸 내가 죄다."라고 하면서, 엄마가 주저앉아 한 시간을 엉엉 울었다.
어머니는 바다 옆에 살기 때문에 바다에 가서 우뭇가사리, 톨 같은 것,
파도가 세면 파도에 밀려오는 것을 주워서 말렸다 팔곤 했다. 그때
그동안 말려두었던 것을 가져가서 판 돈이 이만 얼마였는데, 그 돈을 다
갖고 와서 쌀 받아놓고 뭐 받아놓고 했다. 그렇게 해서 애들이 밥을

먹는데 엄마한테 또 욕을 들었다. "이 미친년아, 이년아, 너 약이라도 하나 돈을 빚져서라도 하나 해 먹고 작업을 해서 물질해서 갚으며 살아가야지. 이거 뭐하는 짓거리래." 나는 나를 그런 데 시집보낸 엄마 때문에 그랬다고 원망했지만 엄마는 내 말은 듣지도 않았다. 나는 더 억울했다. 그때 그 약을, 염소를 이십 몇 만 원을 주고 지어 먹었다. 그 약을 먹고 건강해져서 물질도 잘할 수 있었다.

혼자 고생하며
자식 키운 보람

똥갈보 소리도 많이 들었다. 언니의 큰딸이 제주시 한라의료원 뒤에서 도시락 만드는 일을 했다. 저녁 5시만 되면 내가 그곳으로 출근해서 뒷날 3시에 집으로 돌아왔다. 남 말 하기 좋아하는 사람들은 속사정도 모르고 똥갈보짓 하고 다닌다고 욕을 했다. 도시락을 가져다주어도 마찬가지였다. 하나에 이천오백 원 하는 도시락을 싸다 보면 전날 5시에 가서 다음 날 오후 세 시가 되는 것이다. 그 고생을 말로 다 할 수가 없다.

  농사도 많이 지었다. 당근, 마늘 다 했다. 다른 사람들은 왜 그 무거운 거를 다 지고 다니냐고 하지만, 이 어깨로 허리로 다 지고 다니지 않으면 방법이 없었다. 그러니까 내 몸이 내 몸이 아니었다. 그렇게 그렇게 해오다가 애들 아빠가 돌아가셨지, 빚은 빚대로 밀려있지, 살맛이 진짜 안 났다. 그런데 올 겨를도 없었다. 오늘 놀아 버리면 내일 애들 버스비가 없었다. 세화까지 학교에 가려면 버스를 타야 하는데 백 원짜리 하나가 없어서 버스를 못 타고 가는 실정이었다. 그때는 백 원짜리 하나가 진짜 너무 어려웠다. 그 어려움을 말을 할 수가 없다.

애기들 내버려 두고 도망가고 싶지 않은 사람이 어디 있겠는가. 내가
지치니까 죽고 싶고 도망가고 싶고 했다.

그래서 친정에 가서 이틀 삼 일을 있어 봤다. 삼 일째 되는 날이면 "엄마
없으면 동네 친구든 선배든 저거 엄마 없으니까 저 발부리로 탁 차고 저
발부리로 때리고 하멍 기십 죽겠다." 이런 생각이 들어서, 밤에 잠자다가
아침에 일찍 일어나 가지고 그냥 집으로 돌아왔다. 애들이 걱정했던
것과 달리 말똥말똥하게 지내고 있었다. 그렇게 하다가 화가 나고 안
좋은 일 있으면 울고, 혼자 잠자다가 울어서 베개를 다 적시고 그랬다.
남편이 젊어서 돌아가시니까 누구 알아주지도 않았다.

그렇게 살아오다가 자식들을 다 결혼시키니까 나는 이젠 부모 할 도리는
다 했구나 하는 생각이 들었다. 큰 재산은 못 물려줘도 결혼도 시키고 다
해주었으니 부모 도리는 다 한 것이라 생각했다. 그래서 애들한테
엄마한테 큰 거는 바라지 말라고 그랬다. 또 나는 똑똑한 엄마가 못
되니까, 니네들 똑똑한 엄마에게 태어나고 부모에 태어났으면 고생도 안
하고 공부도 더 했을 텐데 그렇게 못 해줘서 미안하다고 했다. 그랬더니
아이들이 엄마 뭐 하는 거냐, 엄마 없었으면 내가 어떻게 이 정도로
컸겠냐고 말했다. 그때는 진짜 자식 키운 보람이 느껴졌다. 여기 가슴에
돌덩어리가 언제나 있었는데 쑥 내려가는 것 같았다. 그때가 진짜 체가
내려간 것처럼 쑥 내려갔다. 자식을 키우면 이렇게 보람이 있는 거구나
하는 것을 느꼈다. 진짜 눈물 나고 고맙고 애들이 사랑스러웠다.
아이들은 우리 엄마가 최고라고, 다른 엄마들은 바람나서 다 도망가는데
우리 엄마는 우리 키워줬으니까 고맙다고, 나에게 오래오래 살라고
했다.

바다는 나의
영원한 직장

이제는 아이들을 다 결혼시키고 혼자 살고 있다. 조금 아픈 거는 다
미뤄놓고 일만 하다 보니, 이제는 내 몸이 어느 곳 안 가리고 다
망가졌다. 딸들은 나를 보면 작업하지 말라고 한다. 요번에도 머리
수술을 했는데, 그때도 아이들은 "엄마 작업하지 마세요." 하니까 이왕
작업 못 하는 거 좀 쉬기로 했다. 그래도 몸이 좀 나아지면 나의 직장인
물에 또 갈 것이다.

다 같은 해녀라도 여를 찾아서 물건 많이 있는 데를 직행으로 찾아가는
경우가 있고, 나의 경우에는 곧바로 찾아가지 못해서 욕도 많이 들었다.
바닷일은 나에게 직장과도 같다. 바다에 것은 만원 벌 때도 있고 삼만 원
벌 때도 있고 칠만 원 벌 때도 있고 십만 원 벌 때도 있다. 잘 하는
사람은 삼십만 원이다 얼마씩 벌지만, 나는 잘은 못한다. 상군만은
못하는데, 중간 잠수 정도는 된다. 일등은 아니었지만 그 물질하면서
바다에서 생활하면서 애들 밥이라도 굶지 않게 키우고, 결혼도 시키고,
자기들이 가고 싶은 길로 가게 해준 것이다. 돈도 없지 밭도 없지 재산도
없었다. 그런 나에게 바다는 직장이었다. 요왕님이 정말 나를
좋아하는구나 이렇게 힘을 내면서 지금까지 살아왔다.

요왕님과 수데기할망에게
드리는 정성

평대는 지금 제일 큰심방이 고산옥 심방이다. 바로 옆에 또 심방이
있는데, 고심방만큼 크지는 않다. 30대부터 이 일을 해왔다. 보살 청해서

하는 사람도 있지만 무슨 일이 있어서 제대로 하려면 심방을 모셔서
일을 많이 한다. 심방 청해 하는 일로는 정월 문전제와 2월 영등 나갈 때
요왕님 앞에 비는 것과 한 달에 한 번 지 드리는 것을 들 수 있다. 어떤
식으로 지를 드리느냐 하면 "해녀일 하면서 내 몸에 사고가 나지 않게,
곱게 가서 곱게 오게 해 달라."는 마음으로 지를 드리는 것이다. 내가
요왕님한테 지를 드렸으니까 좋은 물건도 많이 주시겠지 하고 믿는
것이다. 요왕님께 이렇게 마음으로 지를 드릴 때 "요왕님 요왕황제국님
이렇게 해서 지 한 장 드립니다." 하면서 꾸벅 절을 한다.
심방을 빌려서 가는 사람도 있고, 스스로 하는 사람도 있다. 매번 심방을

모셔와 요왕지를 드리기는 어렵다. 그럴 때도 "내가 해녀니까 오늘 작업하는 데 아무 사고 없이 갔다 오는 게 좋은 것이다."라는 마음에서 "요왕님 소망 이루게 해줍서." 이렇게 기도하는 것이다. 물에 처음 들어가는 날도 하고, 한물 두물 서물날이 제일 좋다고 한다. 서물날을 개날이라고 하는데, 보편적으로 개날과 용날이 좋다고 한다. 다른 사람들은 모르겠지만 나는 개날, 용날 그렇게 두 달에 한 번 정도 한다. 만약에 하게 되면 내 몫과 요왕님 몫의 지를 각각 두 개씩 준비한다. 가족들 이름과 나이를 쓰고 소원을 비는 것이다. 심방들은 전문적으로 하는 사람들이라 뭐뭐 거느리면 되지만, 나 스스로 할 때는 잘 모르기 때문에 요왕님 요왕황제국님 해가지고 절을 세 번 딱 해놓고, 지를 어떨 때는 내 것만 드릴 때가 있고, 요왕님 요왕황제국님 몫 2개와 내 몫까지 3개를 싸고 소주 한 병 준비해 간다. 또 우리 집의 아이들 다 편안하게 해달라고 할 때는 식구 수대로 지를 싼다. "몇 살 몇 살 지드립니다 요왕님." 이렇게 해가지고 지 드릴 때도 있다.

요망진 사람들도 많아서 야무지게 하는 사람들도 있지만, 나는 나대로 한다. 일 년에 한 번이든 두 번이든 심방을 청해 크게 차려서 요왕맞이를 하는데 한 시간에서 한 시간 반 정도 소요된다. 또 할망께 간다고 해가지고 본향당에도 간다. 수데깃당에는 일 년에 두 번 다닌다. 동짓달에 가는 것은 한 해 동안 수확한 곡식을 가지고 수데기할머니한테 인사 가는 것이다. 또 정월 초일뤠는 할머니한테 새해 인사를 가는 것으로, 그날 재수를 보고 몇 살 몇 살 놔서 궂다 좋다 그런 거를 보는 것이다.

센 물에도 뛰어들던
세화 해녀특공대

- 이복녀(구좌읍 세화리, 1950년생)

시집와서 본격적으로
시작한 물질

한동에서 살다가 세화로 시집을 왔다. 시집오기 전에는 헤엄칠 줄만 알았지 물질은 잘 안 했다. 21살에 시집을 와서 본격적으로 돈 버는 작업을 시작했다. 한동에 있을 때 돈 벌러 한 번 육지에 물질하러 갔지만 멀미를 해서 그냥 와버렸다. 비도 많이 오고 작업도 안 되고 해서 금방 돌아왔는데, 그게 제일 처음 시작한 육지물질이었다.

결혼할 때는 가게만 보면서 살 거라고 해서 시집을 왔다. 그런데 가게만 봐서는 살 수가 없었다. 바다에 간 사람들은 얼마 벌었다 얼마 벌었다 하는데, 그게 막 머리에 떠올라서 나도 저걸 해야지 하는 생각만 들었다. 그때부터 물질을 시작했으니 올해까지 47년은 본격적으로 한 셈이다. 어머니가 옛날에 물질하는 것이 너무 힘이 들어서 나에게는 안 시키려고 했는데, 그 옛날 가방끈도 길지 않으니까 물질하는 것밖에 방법이 없었다.

물건을 많이 잡아오니까 수심 깊은 데로 가는 분들이 부러웠다. 그래서 친정어머니한테 가서 깊은 바다에 가려면 어떻게 해야 하는지를 물었다. 어머니는 어디 귀나 그런데 불편한 데가 없느냐고 되물었다. 그런 것은 없고, 바다에 들어가면 무서운 것밖에 없다고 대답했다. 그렇다면 오늘 만약에 50m에서 숨비면 다음 날은 60m, 70m로 늘려가는데, 수심이 아니라 거리로 차차차차 먼바다로 들어가면 된다는 것이다. 그렇게 하루하루 한 시간씩 다니면서 먼바다로 숨비다 보면 숨은 저절로 나올 수 있다고 했다. 어머니 말은 아픈 데만 없으면 숨은 길어질 수 있다는 것이었다.

정말로 어머니 말이 맞았다. 차차차차 가다 보니 남이 안 숨비는 깊은 곳에도 숨비게 되었다. 남에게 물건을 주는 것을 개숙이라고 불렀는데, 물질을 잘하는 해녀가 물건을 하나 망사리에 넣어주면 재수가 좋아서 물건을 많이 잡는다는 것이다. "언니도 한번 해봐."라고 말하며 개숙을 하나 넣어주면 기분이 좋아서 원 없이 물질을 했다. 상군도 해보고 그렇게 해서 지금까지 이 일을 하고 있다. 그렇게 벌어서 아이들 셋을 모두 대학까지 시켰다.

물건은 잘 보여도
무섬증이 많아

21살에 시집와서 어머니한테 깊은 바당 물질하는 법을 배우고 상군 해녀가 된 것이다. 깊은 바다에 나갈 때까지 한 3~4년 정도 걸렸다. 옛날 어른들은 물질할 때 두렁박을 사용했는데, 멀리 나가면 두렁박이 바람에 멀리 날아간다. 밧줄을 줄 때도 순서가 있어서 곁에 가서 주지를 못한다. 뒤로 줘도 욕을 하고, 앞으로 줘도 욕을 듣는다. 그 줄 위로 넘어가지도 못하게 했다. 할머니들이 그렇게 하니까 더욱 무서웠다. 그런 모습을

보고 동네 어른 한 분이 "무사 사람 조름에만 쫓아 다니냐."고 욕을 했고,
"삼촌, 나는 물속에만 들어가면 물건은 많이 보여. 거 옛날말로
머정(윤)이 있는 건지 물건이 많이 보여. 난 무서워 부난 삼촌 조름에
물건 내불엉 감수다."라고 대답했다. 삼촌은 나의 그런 사정을 모르고
자신의 뒤만 따라다니면서 방해하는 줄로만 알고 욕을 했던 것이다.
그런 다음에는 이제 차차차차 사람이 있는 곳만 붙어 다니지도 않고
혼자 떨어져서도 물질을 할 수 있게 되면서 남들한테 꾸중도 안 듣고, 번
대로 가져갈 수 있었다.

해녀를 하는 신체 조건은 좋았지만 물에 들어가면 무섬증이 많이 났다.
그래서 처음에는 깊은 데를 못 가서 애가 닳았다. 하지만 나중에는
물질을 잘 해가니까 "너 나신디 배왔쪄, 나가 배와쵓쪄." 하는 것이었다.
익숙해지고 나니 무섬증도 없어지고 물건도 더 잘 보이게 되었다.
남들이 숨비어 가 빈손에 올라오고, 그 사람은 아무것도 안 잡아와도
나는 가서 빈손으로 오는 법이 없었다. 감태를 탁 걷으면 물건은 그 아래
많이 있지만, 그것을 다 갖고 나오지는 못했다. 호흡이 짧아서 죽을 것
같았기 때문이다. 그래서 하늘 보면서 물 위를 쳐다보면서 나왔다. 지금
물질을 배우는 사람도 숨 짧은 거는 얼마든지 할 수가 있다. 서서히
늘어나니까 차차차차 조금씩 깊은 데로 들어가면 그것은 자연스럽게
늘어나게 된다. 아프지 않고 건강하기만 하면 누구나 다 할 수가 있다.

남는 것도 빚진 것도 없는
육지 물질

충무 대섬이라는 대로 육지 물질을 갔다. 그곳 사람들이 제주도는 공을
차면 바다에 떨어진다고 하면, 나는 그건 아니라고 설명하고 그렇게

지냈다. 처음 그곳에 갔을 때는 만약 여기서 아프기라도 하면 나가지도 못하고 죽을 것 같아 무섭기도 했다. 19살 무렵에 물질도 잘 못 하는데 육지로 물질을 간다고 하니 어머니가 어머니 또래 어른들과 함께 붙여주셨다. 어머니네 친구들 일곱 명이 같이 갔었는데, 지금은 그분들이 모두 돌아가시고 안 계신다.

그때는 동짓달, 즉 음력 11월에 갔다. 겨울비가 그렇게 많이 내렸다. 그러다 보니 열흘 살아서 3일인가를 작업했다. 그 당시에 제주도에서 나무를 심는 일을 하면 일당으로 2천 원을 벌었다. 그런데 그만큼도 못하다고 어머니들이 투덜거리는 모습을 봤다. 작업을 못 하니 돈도 못 벌고 제주도로 돌아와야 했다. 3일 일해서 번 돈으로 오가는 경비를 치르고, 그곳에서 생활한 비용을 물고 나니 남는 것도 없고 빚지는 것도 없었다. 그렇게 구경만 하고 왔다. 결혼 이후에는 육지로 물질을 나간 적이 없다. 농사도 짓고, 물질도 하고, 아이들도 키우느라 바쁘게 살았다.

농사짓는 것보다 물질하는 것이 벌이는 많은데 몸은 더 지치고 힘이
든다. 밭일은 무릎도 아프고 어깨도 아프고 온몸이 저리는 반면,
바다에서는 온 전신이 놀싹해가지고(늘어져서) 힘이 달린다. 물질이
단순간은 몸이 지치고 힘이 들지만, 해녀들은 가서 몇 시간만 해서 오면
얼마라도 벌어오기 때문에 힘이 들어도 놓을 수가 없다. 감기에 걸려도
물에 가고, 밭에 가서 일을 하다가도 물때가 되면 뛰어 내려와서 물에
든다. 젊었을 때는 다랑쉬 근방에 가서 일을 하다가도 물때에 맞춰
달려와 물질해도 지친 줄 몰랐다. 어머니가 건강하게 낳아주셔서 힘든
줄을 몰랐다. 그런데 신랑은 바다에 놀러 가는 줄로만 여겼다. 일하다가
가니까 그냥 일하기 싫어서 바다로 도망가는 줄로만 여겼다. 그런데
이제는 돈에 욕심나서 갔다는 것을 안다. 지금도 직장 없는 사람들 몇 명
벗해서 바당에 가면 좋을 건데, 지금 아이들은 힘이 들어서 그렇게 못 할
것이라 생각된다.

센물에도 뛰어들던
세화 해녀특공대

옛날에는 세화 바다도 막 좋았는데, 풍선 타고 다닐 때는 사람이 많이
죽어서 밀려왔다. 한동리에서 세화로 시집을 와서 보니 세화분들은
당신네는 양반이라고 해서 영장을 직접 치우지 않고, 그 대신 하도
면수동 분들한테 영장을 치우고 바다를 해먹으라고 했다. 그래서 임대
계약하기를 세화 해녀는 대대손손 작업할 걸로 했는데, 사람이 바뀌면서
임대료를 내야 한다고 해서 임대료를 조금씩 내기 시작한 지가
오래되었다. 예전에는 천초도 하고 미역도 하고 바다에서 나는 것은 세화
해녀가 다 했는데, 어느 날부터는 톨도 못 한다 천초도 못 한다고 했다.

그래서 소라만 작업하고, 미역 같은 것은 몰래 봉가다[117] 먹기도 했다.

세화 바다 속에는 돗분여코지, 너븐여, 또리모살 등의 지명들이 있다. 해녀들이 다 마찬가지겠지만, 어디에 굵은 것이 나고 어디는 작은 것이 난다는 것을 알게 되면 모두 물건이 많이 나는 곳에 눈독을 들이게 마련이다. 젊을 때는 남이 가기 전에 가서 물건을 많이 잡으려고 경쟁하기도 했지만, 요즘은 옛날 같지 않아서 해녀가 한 여에 나가서 여 하나를 점령하면 거기에 다 같이 와서 닻을 놓고 함께 숨빈다.

어른들은 고무옷이 없을 때에도 광목 물속곳을 입고 물질을 했다. 그때는 한두 시간밖에 작업을 못 했지만 고무옷이 나온 후에는 다섯 시간 정도 물질을 한다. 고무옷이 없을 때는 추운 사람들은 한두 시간이 되기도 전에 나오기도 했다. 물질을 하다 보면 배고픈 줄도 모르고 일을 한다.

물질을 할 때는 고깃배 다니는 것을 잘 살펴야 된다. 물속에 들어가서 물건에 욕심을 부리면 안 된다. 그걸 놓아두고 와야지, 다 잡고 오려고 하다가는 내 목숨이 죽는다. 바다에서는 항상 욕심을 부리면 안 된다. 비창으로 재빨리 하지 않으면 전복이 비창을 딱 물어 버린다. 전복을 따다가 비창을 못 뽑으면 그 비창을 내버려두고 올라와야지, 끝까지 욕심을 내다가는 죽는다. 전복이 무척 힘이 세서 막 부서져도 안 떼어지는 거는 안 떼어지기 때문이다.

물에서는 서너 살 위나 아래의 해녀 5~6명이 꼭 같이 다녔다. 같은 바다에 같이 어울려 다녔다. 힘이 있을 때는 파도가 센 날에도 먼바다까지 막 다녔다. 대여섯 명이 함께 다니다가 배가 오면 손으로 신호를 보내고 한곳으로 모이고 그렇게 했다. 세화에서는 해녀들이

117 봉그다: 줍다.

바다에서 놀라거나 사고가 난 적은 없었다. 지금은 그런 말이 없지만 옛날 세화 해녀들을 특공대라고 불렀다. 바다가 센 날도 물에 들어가 버리고 하니까 붙은 말이다. 이제는 자동적으로 나이가 들면서 바다가 센 날에는 무서워서 물에 들지 못하고 있다.

물에서 거북이를 만나면 소라를 까서 준다. 옛날 어른들이 요왕님 말젯똘애기라고 해서 거북님 보면은 뭐를 줘야 물건을 많이 잡는다고 해서 그렇게 했다. 옛날 어른들이 그렇게 말했다. 돌고래는 떼를 지어 다니는데 물질하는 사람들 밑으로 넘어갈 때가 있다. 돌고래는 영리한 동물이라서 "배알로 배알로"라고 하면 그것이 배 밑으로 나간다. 그러다가 좋은 몸매 한번 보여주고 가라고 하면 점프를 하는데, 기가 막히게 점프를 잘한다. 교육을 시키지 않아도 바다에서 그렇게 한다. 옛날 어른들은 외곰새기 하나 다니는 데는 상어가 같이 따라다닌다고 해서 조심하라고 했다.

본당과 절간과 용왕에
기원하는 무사안녕

2월, 7월, 10월 열이틀이 당에 가는 날인데, 2월 열이틀에만 본당에 간다. 이날은 심방이 와서 굿을 한다. 지금도 선굿으로 하긴 하지만 예전에 비해 간단하게 지내는 편이다. 예전에 당을 책임지던 심방인 인숙이 할머니는 돌아가시고, 그 딸로 들어온 강복녀 심방이 당을 맡아서 하고 있다. 그분 며느리와 동서 이렇게 세 분이 와서 굿을 한다. 좀 크게 할 때는 한 사람 더 빌려다가 하기도 한다.

일 년에 바다를 위해서 하는 것은 한 달에 한 번 지 드리는 것과 2월에 방생하는 것, 본향에서 지내는 영등굿을 들 수 있다. 해녀굿을 따로 하는

데는 그 마을에 익사한 분이 있으면 굿을 하는 것이다. 세화에서는 그런 일은 없고 본당에서 영등굿으로 하는 것뿐이다. 어부들은 방생축제를 할 때 온다. 또 영등굿을 할 때는 해녀뿐 아니라 선주의 부인들 중에서 오는 사람도 있고 안 오는 사람들도 있다. 주로 여성들이 참석하지만, 절간에서 방생축제를 할 때는 남자분들이 다 온다.

그 외에 절간에 가는 것이다. 이월에 영등이 들어오면 요왕맞이를 하는데, 절에 다니는 사람은 절에서 방생축제를 한다. 한 3년 전부터 세화축항에서 몇 절이 동참해 크게 방생축제를 한다. 세화에 있는 금정사에 다니는데, 음력 2월 14일에 방생축제를 했다.

그 나머지는 바다에 다니는 사람은 다달이 지를 드리는 것이 있다. 특히 요왕맞이라고 해서 바닷가에 조그마한 돌을 쌓은 곳이 있는데, 그곳에 해녀들이 제물을 차리고 무당 할망을 빌려서 하기도 했지만 이젠 할머니도 돌아가서버리고 할머니가 가르쳐 주는 대로 이녁만씩 한 달에 한 번 지를 드린다. 종이에 쌀을 넣고 지를 싸는데, 주소와 가족의 이름과 나이 등을 적어 넣는다. 다른 사람은 어떻게 하는지 몰라도 그렇게 하고 있다. 식구 한 사람에 하나씩 지를 싸고, 요왕지 하나, 영등지 하나, 정순이빌레 할머니 하나, 옛날에 요왕맞이 다녔던 몫으로 하나까지 여러 개의 지를 싼다. 바다에 개인마다 지를 들이치는 곳이 따로 있다.

자손들에게
물려주어야 할 바다

어촌계원은 많이 있지만 물에 나오는 사람은 많지가 않다. 어른들이 나이가 들어서 소라 작업에는 나오지 않고, 성게나 우미 할 때만 나오는

분들이 있다. 세화어촌계 속에 해녀들이 다 포함된다. 현직으로 일하는
사람은 67명 정도이지만, 나이 많으신 할머니들은 겨울 같은 때는
작업하러 안 나오신다. 15명 내외 정도는 현직으로 계속하는 분이고,
나머지 분들은 날씨 좋을 때 잠깐만 한다. 헛물에 드는 사람들은 하나로
되어 있다.

소라는 공동작업으로 하고 천초와 톳은 각 어촌계에서 단합해서
작업한다. 만약에 며칠에 톳 작업을 하겠다고 세화어촌계 안에서
결정하면 총무가 연락을 한다. 이전에는 수협에서 한 달에 15일에서 7일
정도 소라 작업을 했다. 올해는 일본하고 그렇게 되면서 수출이 안 되고
있어서 7일 하던 것을 3일도 시키고 이틀도 시킨다. 또 자기대로 누가
해달라고 하면 해서 주는 마을도 있긴 하다. 해녀들이 많은 마을에는
단합이 되지 않아서 분란이 일어나기도 한다.

옛날에는 가 쪽 바다에도 잡풀이 많이 났지만 요즘은 잡풀도 없고
먼바다에 가야 감태도 볼 수 있다. 아마도 양어장의 영향이 있는 것
같다. 앞으로 우리 자손들이 바다에서 나는 것을 먹으려고 하면 양어장
물을 바다에 버릴 게 아니고, 그것을 정화시켜서 좋은 물을 만들어서
내보내면 바다가 좀 살아날 것 같다. 양어장 때문에 어느 바당인들 예외
없이 백화현상이 나타났다. 또 배 하는 분들이 바다에 쓰레기를
버리는데, 자기가 버린 것이 스크루에 걸려서 배가 고장나기도 한다. 배
하는 분들이 쓰레기를 바다에 던지지 말고 조심하면 바다가 청결할 건데
그게 안타깝다. 그물이나 문어단지줄 감아진 거랑 그런 것들이 있으면
돌고래가 다니다가 걸리기도 해서 벗겨주는 경우도 있었다. 또 어떤
때는 어디선가 걸려가지고 상처가 난 경우도 있다.

해녀도 큰소리치며
사는 살맛 나는 세상

해녀가 이제야 주목받고 있는데 옛날에는 물질하는 거 사람들이 보는
시선이 창피했다. 옛날에는 어디 가서 해녀라고 말도 못 했다. 그때는
얼굴에 화장도 안 하고 하면 해녀들은 얼굴이 새카맸다. 선크림도 안
바르고 아무것도 안 바르고 다니던 시절이다. 그렇게 하다가 한 15년
전부터 화장을 하기 시작했다. 그때는 해녀를 천하게 봤기 때문에 해녀
안 닮다 그래도 해녀라는 말을 못 했다. 요즘에는 세계적으로 해녀라면
알아주니까 살맛이 난다. 해녀도 어디 가서 큰소리치는 세상이 온
것이다. 해녀 하면서 가장 보람된 것은 벌어서 아이들 공부시키고,
아이들 얌전하게 큰 것이다. 앞으로 남은 시간은 나의 인생을 살 것이다.

7개 동네별로
소라 잡는 하도리

- 임옥희(구좌읍 하도리, 1944년생)

남편이 제대할 때까지
이어진 육지 물질

종달리에서 태어나 16세부터 물질을 배워서 19살부터 육지에 나갔다.
울산, 경북, 남해, 거제 안 다닌 데가 없었고, 오랜 기간 동안 다녔다. 일
년을 나가면 한 군데에서만 일했다. 경북이면 경북 한 군데, 울산이면
울산 한 군데, 거제면 거제 한 군데, 그렇게 육칠 년을 나갔다. 23살에
결혼을 했는데 약혼하고도 다니고 결혼하고도 다녔다. 결혼하고 23일
만에 남편이 군대를 갔는데, 그때는 군 복무기간이 딱 만 3년이었다.
그래서 계속 육지 물질을 할 수 있었다. 남편이 군대에서 제대한
이후로는 애도 있고 해서 안 다니게 된 것이다.

육지 물질 가서는 성게, 미역을 많이 잡았다. 그곳에는 소라는 없고
성게, 미역이 대부분이었다. 요즘은 해삼 잡는 곳도 있다고 하지만,
그때는 해삼은 없었다. 고무옷이 나오기 전이라 소중이 입고 물수건
쓰고 하던 때여서 물에 들어가도 몇 분 못 살고 나왔다. 30분 정도 하다
보면 추워서 나와야 했다. 그때는 일주일에 오륙 일 정도 일을 했다.

육지 물질을 가면 보통 3월에 가서 8월에 오는데, 한 넉 달이나 다섯 달 정도 일하다가 온다. 수익은 인솔해간 선주에게 몇 프로 주고 나머지는 해녀들이 가지고 온다. 선주는 배 하나에 15명 정도를 모집해서 가는데, 그중에는 같은 동네 사람도 있고 다른 동네 사람도 있다. 육지에 갈 때는 배를 타고 이동했다. 당시는 보리쌀과 좁쌀을 주로 먹던 때였다. 육지에서 물질하는 동안 먹을 양식을 제주도에서부터 배에 싣고 간다. 좁쌀, 보리쌀을 싣고 가서 먹고 그러면 돈을 좀 많이 벌 수 있었다. 양식을 가지고 가더라도 화덕 나무라고 해서 방을 덥힐 땔나무는 사야만 했다. 그런 것들도 돈이 많이 들었다. 반찬이라는 것이 미역을 된장에 찍어먹는 것이지 따로 반찬을 잘 차려서 먹을 수가 없었다. 옛날에는 제주도나 육지나 다 마찬가지로 어려운 시절이었기 때문에 미역에다가 된장 찍어먹고 그렇게 많이 먹었지 특별나게 반찬이라고 차려 먹을 수가 없었다.

종달리 바당에서
숨 참기 내기하며 배운 물질

고향 종달리에는 물이 들어오는 데가 있었는데, 논이었다가 논을 다 메워서 집을 지었다. 어렸을 때는 거기까지 짠물이 들어왔다. 바닷물이 거기까지 들어오면 집에서 옷 벗어놓고 그곳에서 수영을 배웠고 해녀일을 배웠다. 그때가 16살 때였다. 여름이면 밤에 살짝 와서 물아래 들어가서는 숨을 참아서 점점 멀리 나갔다. 친구들이랑 누가 숨을 참아서 멀리 가는가 시합도 했다. 어느 정도 가면 물질을 빨리 배울 수가 있다. 종달리도 여가 있지만 하도 바다가 좋다. 소라도 많이 있다. 어려서 종달리에 있을 때 보면 어른들이 하도 바다에 배 타고 가서 물건을 했다.

그렇게 하면 안 되기 때문에 모르게 살짝 하는 것이다. 하도 바다에서는 배를 타서 물질을 안 나가기 때문에, 그 사람들이 해가도 잡으러 못 간다. 하도는 배 타서 나가는 동네가 없다. 종달리는 뱃물질만 한다. 배 타서 막 멀리 나갔다. 멀리 있는 여에 가서 빠지고, 그런 데 가서 소라도 잡는다. 물질하면서 어려운 거는 추운 게 가장 어렵다.

당근보다 돈은 안 되지만
팔십까지는 물에 들 것

옛날엔 상군이었다. 멀리 우도하고 하도의 반 정도까지 갔다. 이제는 무서워서 이렇게 볼 수도 없지만, 젊을 때는 그렇게 다녔다. 이제는 무서워서 바라보고 싶지도 않다. 요즘은 50~60대 안의 해녀들이 없어서 멀리 나가는 사람들도 없다. 멀리 가면 소라가 많이 있지만, 멀리 나가면 날도 바람이 안 불어야 되고 물때도 좋아야 된다. 한 두물 서물 이런 때가 좋다. 또 해녀들은 물에서 벗이 없으면 안 된다. 친구 없이 혼자만은 못 간다. 이제는 우리 동네도 물질하는 해녀가 10명 안에 든다. 우무 할 때는 30명 가까이 되는데 고동, 소라 잡을 때는 10명 안으로 잡는다. 날이 좋을 때나 나이 먹은 사람들이 들어갈까, 잘 안 들어간다. 50~60대 한창일 때는 20명 정도가 물에 들었다. 저기 가면 물건이 많이 있겠다 하면 거기를 가는 것이고, 딴 사람은 저쪽으로 물건이 있겠다 하면 그쪽으로 뿔뿔이 다 갈라진다. 바다로 나가면 여가 있는데, 어느 여에 가면 소라가 있을 거다 그런 것이 다 있다. 다른 사람이 잡아 버리면 없는데 딴 사람이 안 잡았을 때는 소라가 많다. 사람이 다녀가면 많이 없다. 요즘 상군들은 깊은 데 가면 120킬로 130킬로도 잡는다. 우리는 이젠 나이가 들어서 그렇게 못 하고 상군들, 이제 오육십 대 난

사람들은 밖에 나가면 많이 잡는다. 이제 우리는 잘하면 50킬로 안으로 잡는다. 육지는 여가 없어서 밋밋하고 물이 좀 어둡다. 여기는 위에서 딱 눈 쓰고 보면 여가 있다, 모래가 있다, 뭐 다 보이는데 거기는 잘 안 보인다. 그저 무턱대고 들어가는 것이다.

제주에서든 육지에서든 일 년 내내 물질을 했다. 요즘은 한 달에 15일 일하고 15일 노는데, 그때는 계속했다. 고무옷 없을 때는 불 쬐면서 계속 물질을 했다. 물 싸면 항상 들어간다. 하루에 한 번밖에 안 들어간다. 물때 딱 맞춰서 물 바짝 싸면 물에 들어가서 삼십 분 살면 추워서 더 할 수가 없었다. 고무옷이 나온 다음에는 네 시간은 보통이고 다섯 시간, 여섯 시간도 할 수 있다. 그때는 하루에 물건값도 많이 안 나갔고 벌어봐야 많이 못 벌었다. 요즘에 와서는 바다에서도 돈이 좀 나기도 하지만, 밭에 당근갈이가 돈이 되어서 풍부하게 사는 입장이다. 그런데 이제는 나이도 먹고 하니까 밭일도 많이 못 한다. 바다에 가서 여러 사람이 모이면 재미도 있고 말 나누다 오면 잠도 잘 오니까 물질은 계속한다.

한 팔십까지는 바다에 들어갈 수 있을 것 같다. 바다에 들어가면 재미가 있다. 물건이 없을 때는 별 재미가 없는데 물건이 잡힐 때는 그 물건 잡는 재미로 춥지도 않다. 물에서는 몸도 안 아프다. 밭에 가서는 쪼그려 앉아서 일을 하다 보니 무릎이 아픈데, 물에서는 이렇게 하니까 안 아프다. 중노동은 중노동인데 이것이 쪼그려 앉지 않으니까 괜찮다.

7개 동네별로
소라 잡는 하도리

총어촌계는 해녀를 지도하는 곳이고, 각 동네별로 회장 책임자를 두고

작업을 진행한다. 하도리 총어촌계 하나가 있고 마을별로 7개의
해녀회가 있다. 창원동, 동동, 굴동, 신동, 섯동, 면수동, 서물동에
해녀회장 1명이 있고, 이들 전체를 대표하는 총해녀회회장 1명을
선출한다. 7명의 해녀회장 중에서 총해녀회장 1명을 선출하는
방식이다. 옛날에는 동네 출신이면 아무나 물에 들 수 있었지만 이제는
그렇지 않다. 이제는 수협에 가입해야 되고 어촌계에도 가입해야 된다.
옛날에는 이 동네 출신이면 들어갈 수 있었다. 동네에 안 살아도
어촌계와 수협에 가입이 되어 있으면 해도 된다.

동네별로 소라, 미역, 천초 작업을 따로 한다. 옛날부터 이 동네와 저
동네가 자기 바당에 물건이 없으면 다른 동네 물건을 해 와서 싸움하고
난리였다. 하도 바다는 골고루 비슷하게 물건이 난다. 동동바다는 특히
소라가 많이 난다. 옛날에는 우무가 많이 안 나왔는데, 요즘에는 우무도
많이 나고 소라가 제일 많다. 바다가 좋다. 동동바다에서 나는 소라는 다

뿔소라다. 다른 동네, 즉 신동이나 서문동에서 나는 것은 뿔이 없는
민둥구젱기다. 창원동과 동동만 뿔소라가 좋다.

우미는 수협에서 낙찰해서 수매인이 와서 수매해 가는데, 미역은 해서
먹기는 하지만 돈이 되지 않기 때문에 물건으로 하지는 않는다. 성게도
많이 난다. 전복도 많이 있었는데 요즘 들어서는 양식 전복 종패를
뿌려서 3~4년 있으면 200그램 300그램짜리로 성장한다. 그러면 그것을
채취하는 것이다. 종패를 뿌린 뒤에는 전복이 하나씩 보이기 시작했다.
중간에는 전복이 없었다. 주된 수익은 소라와 우미라 할 수 있다.

해녀의 무사안녕과
풍어를 기원하는 요왕맞이

정월 10일 넘어 날을 잡아서 요왕맞이를 하는데, 동네별로 택일해서
지낸다. 옛날부터 고복자 심방 어머니가 심방이어서 그 집안에서 당을
물려받고 있다. 고복자 심방이 돌아가시고는 그 딸이 이어가고 있다.
동동네에서는 탈의장에서 심방을 빌려 요왕맞이를 한다. 심방이 "어느
동네는 며칠날 하세요."라고 정하면 정해진 날에 가서 하는 것이다. 아침
7시 안에 탈의장에 모이는데, 사람이 많아서 일찍 간다. 동동의 경우
35명 정도가 온다. 요왕상에 올릴 음식은 회장이 준비하고, 나머지는
집에서 개인적으로 준비해 온다. 보통 떡은 하지 않고 과일 3가지, 술,
음료수, 쌀, 생선, 나물 3가지, 계란, 소지종이, 물색 폐백, 시맞이 한 통,
시라목 한 폭을 준비한다. 탈의장에 제물을 차리면 비념을 하고 차려온
것으로 시식한다. 지를 쌀 때는 모두 20개 정도를 준비한다. 요왕지도
싸고, 영등이 12일부터 들어오기 때문에 영등지도 싸고, 식구별로
하나씩 몸지를 싸고, 바당에서 돌아가신 영혼 몫으로 영혼지를 싸는

것이다.

해녀들이 공동으로 하는 것은 정월 요왕맞이가 대표적이라 할 수 있다. 또 각시당에는 신동에서 책임자가 상을 차리고 신동이 중심이 되어 영등굿을 한다. 중간에 2017년에 각시당에서 영등굿을 크게 했다. 또 정월에는 마을의 본향에도 정성 들여 한 해의 무사안녕을 빌고 온다. 당에 가는 것은 개인적으로 가는 것이다. 본향 제일은 음력 1월 12일인데, 정월 1월 초열흘날부터 12일까지 자기 정성대로 다닌다. 정월에는 집에 심방을 모시고 문전제를 하는 사람도 있다.

이 외에 한 달에 한 번 지 드리는 것이 있는데, 쌀을 종이에 싸서 지 들이치는 것은 많지가 않다. 심방이 운명이 안 좋다거나 "바당에 들어갈 때랑 지라도 싸서 들이쳐라." 그렇게 말해주면, 심방이 시키는 대로 그대로 지를 싸서 들이치는 것이다. 그래도 나는 지라도 싸서 드렸다 하는 마음의 의지라 할 수 있다.

하도에는 아직까지 해녀 사고가 나서 해녀굿을 한 적은 없었다. 만약에 동네 해녀가 바다에서 돌아가셨다 하면 동네에서 알아서 굿을 한다. 하지만 우리 동네는 그런 일이 없었다. 해녀총회장으로 책임을 맡고 있는 동안 무사안녕하게 아무 일도 없으면 기분이 좋다. 혹시라도 그런 일이 생기면 애를 먹는다.

이제는 사는 게
대통령 삶이라

당근 농사를 시작한 지가 한 20년 되었다. 남편 군대 간 사이에도 육지 물질 다니면서 농사지으면서 살았다. 아이들은 밭에 데리고 다니면서 키웠다. 육지 물질 다닐 때 큰딸을 낳았는데, 큰딸을 데리고 갔다. 빌려

사는 집의 할머니한테 좀 봐달라고 하고 물질을 갔다. 제주도 돌아와도
돈 나올 뭐가 없어서 계속 애를 데리고 밭에 가서 키웠다. 그때는
광목으로 바느질해서 이불을 만들었는데, 그거 났다가 네 기둥을 세워서
딱 해가림을 해서 햇빛을 가렸다. 그리고 그 밑에다가 깔아서 애기구덕
해가지고 애기를 키우면서 밭일을 했다. 이제는 사는 게 대통령
삶이지만, 우리 젊은 때는 겁나게 일도 했고 말로 표현할 수가 없을
정도로 힘들었다.

해녀로 50년 살아오면서 재미도 있었지만 힘이 들었다. 물에 갈 때도
밭일 다 해놓고 가야만 했다. 바다에 갔다 와서는 또 밭일과 집안일을
했다. 그때는 젊은 때니까 또 해도 되지만 이제는 그렇게 안 된다.
그때는 그렇게 해도 돈벌이는 많지 않았다. 이제는 돈이 값어치가
없어도 그때는 돈 가치가 좀 있었다. 그리고 밭떼기 값도 쌌다. 돈 많이
벌어서 밭도 많이 샀다.

큰딸 하나와 아들 둘을 낳았다. 큰딸만 자기가 대학을 안 간다니까 안
했지, 아들들은 다 대학 공부를 했다. 이제 큰아들은 사천 비행기
우주항공 거기 근무하고 작은아들은 서울에 있고 우리뿐이다. "이제
게난 일을 안 하젠. 한걸하게^(한가하게) 물에는 들어가지. 밭떼기 있는 거
무수 가는 삯만 받고. 그것만 먹으면 되니까. 그렇게 많이 안 해. 당근
밭떼기 하나. 안 할라고. 살 날도 얼마 남지 않았는데."
하도해녀합창단으로 스웨덴을 갔다 왔는데, 말로 표현할 수 없이
좋았다. 호수도 멋지고 여기는 차가 많아도 거기는 차가 몇 대 없어서
배가 자기 자가용이었다. 합창단 1회 때 회장을 맡고 있었는데, 처음
배울 때는 힘들었다. 이제는 힘들지 않다. 그런데 나이가 들다 보니까,
이제 마지막이다. 칠십다섯까지로 나이 제한을 해가지고 올해 하면 끝이
나기 때문에, 그전에 한 번만 더 어디 갔다 오면 좋을 것 같다. 또 작년에

동동만 해서 돈을 내놔 함께 국내여행을 다녀왔다. 이제는 놀러만 다니고 싶다. 그래도 혼자만은 재미가 없다.

하도 바다는 아직도 깨끗하다. 감태도 많다. 소라를 잡으려면 감태를 손으로 치우며 소라를 잡는데, 우리 바당에는 아직도 많다. 톨도 많은데 톨은 시가가 없다. 앞으로 10년은 해녀들이 물질을 할 것이다. 이제 60대 나는 애들이 셋 정도 있다. 그 아이들 안 하면 해녀가 없어진다. 이 바다에 남자가 나올지 다이버가 나올지 모르지만 앞으로 봐야 알 일이다. 15년 정도 되면 우리 나이가 되는데, 우뭇가사리나 하지 소라는 못 할 것이다. 해녀가 해마다 줄어들고 있다. 해녀가 많이 나올 수도 없고 다른 곳에서 들어오지 않으면 잘하면 한 십 명 미만으로 그렇게 하다가 사람이 없으면 자연적으로 물질을 못 하게 될 것 같다. 깊은 데 들어가야 소라도 있고 한데, 사람이 많이 없으면 가까운 데도 소라가 많이 나올지도 모를 일이다.

제3부

해녀보다 빨리
늙는 바다

온평리 바다밭 이야기

2002년 처음 제주굿을 본 것이 칠머리당 영등굿이었다. 심방보다 굿을 더 잘하는 상군 해녀를 보고 신기했고, 대나무로 요왕문을 만들고 길을 치는 것도 새로웠고, 배를 타고 먼바다에 나가서 씨를 뿌리고, 지를 들이치는 것도 인상적이었다. 이후 신양리 영등굿, 김녕 잠수굿 등 해녀들의 굿을 볼 기회들이 늘어났다. 거듭해서 굿을 보는 동안 '세경너븐드르에 씨 뿌리러 가자'는 말이 귀에 들어오기 시작했다. 도대체 '세경너븐드르'는 무엇일까? 궁금증을 안고 선생님들께 여쭈어보았다. 세경은 〈세경본풀이〉의 그 '세경'과 같은 것으로 '농경신'을 나타낸다는 것이다. 그리고 제주 사람들은 육지의 농사짓는 밭도 세경이지만 바닷속 밭도 세경으로 인식한다는 말을 들었다. 당근 심고 감자 심는 밭은 쉽게 상상이 가지만, 바닷속 밭은 어찌 생겼을지 도통 알 수가 없었다. 바다밭에는 주인이 있는 것인지, 밭마다 수확하는 것은 어떻게 다른지 궁금증만 안고 오랜 시간을 보냈다. 그저 좁쌀을 뿌리면서 소라씨, 전복씨를 뿌린다고 생각하는 해녀들의 믿음에 대한 감탄만이 오래도록 남았다.

그러다 박정근 작가가 10여 년 동안 공들여 인연을 맺은 온평리 해녀분들과 함께하는 작업에 참여하게 되었다. '해녀보다 빨리 늙는 바다'라는 제목이 주는 서글픔도 있었지만, '2020 온평리 바다밭' 기록을 통해 바다밭의 실체를 만날 수 있다는 희망이 더 컸다. 또한 송명자 해녀가 머리에 카메라를 달고 직접 물질을 하며 찍은 영상들을 볼 때는 함께 숨이 멎을 것 같은 긴장감을 느끼기도 했다. 바다밭 인터뷰는 온평리 해녀분 4~5분을 모시고 진행했다. 처음에는 여의 이름이나 지명만을 가지고 인터뷰를 진행했다. 하지만 몸으로 기억하는 지식을 말로 정리해서 설명하는 것이 익숙하지 않았다. 그래서 2020년 송명자 해녀가 찍은 영상과 최근 7년 사이에 박정근 작가가 촬영한 영상을 함께 보면서 인터뷰를 다시 진행했다. 영상을 보는 내내 해녀분들이 쏟아내는 많은 감정을 공감할 수 있었다. 그사이 변해 버린 바다에 대한 안타까운 탄식이 터져 나왔고, 한창때 물건을 많이 잡던 시절에 대한 그리움, 벗들과 함께했던 즐거움과 삶의 고달픔까지 복잡한 감정들과 함께 온평리 바다밭의 모양새와 많이 나는 물건들이 드러났다.

제3부에 수록된 글은 '2020 아트체인지업 사업'으로 진행된 박정근 작가의 '해녀보다 빨리 늙는 바다'에 참여해서 얻은 것이다. 바다오염과 7년 전부터 현재까지의 바다의 변화를 영상과 사진, 글로 정리한 결과물은 홈페이지를 통해 소개된 바 있다.

중여

올레알

검은빌레

양식장

용머리여

용머리 새여

물잔지미

해녀 탈의장

겡이여   여머흘

                  눌여깍

배끄러여   홀어멍돌

          노끈도머흘

벌러진여

고장머흘   개머리밧여

거욱게빌레

수승코지 불턱   관할망여
알빠르   '오갈여
      수승 코지여

애기죽은날코지
똣여

온평리 바다밭 지도(https://theageingsea.net)
7년 전부터 현재까지의 바다 변화, 바다 오염을 영상과 사진, 글로 정리한 결과물이 소개되어 있다.

해녀보다
빨리 늙는 바다

온평리 바다밭 이야기

1. 겡이여

'겡이여'는 '여맞인개' 앞에 있는 물이 쌀 때[118] 나오는 얕은 여로 모양이
게처럼 생겼다 해서 붙은 이름이라고 한다. '겡이'는 '깅이'와 함께
제주어로 게를 뜻한다. 상군들은 안 가고 갓꾼[119]들이 주로 다니는
바다이다. 이곳은 해녀들이 속곳을 입고 물질을 하던 시절에는 전복
밭이었다. 30년 전만 해도 물 위에서 보고 내려가 떼기도 하고 물속에서
여 사이를 다니다가 떼기도 했다. 중군들도 물질 잘하는 사람은
전복이며 소라를 많이 잡았다. 하지만 물건이 많아도 전복도
머정[120]으로 잡는 사람은 잡고 못 잡는 사람들은 못 잡았다. 성게, 솜,
소라, 전복 등 물건이 골고루 나고 물속 엉덕[121]에는 물톳[122]이나

---

118 물싸다: 밀려 들어왔던 바닷물이 물러 나가다. 밀물은 '들물' 또는 '물들다'라고 하고,
    썰물은 '썰물' 또는 '물싸다'라고 한다.
119 깊은 수심의 먼바다까지 나가는 해녀를 상군이라 하고, 육지와 가까운 얕은 바다에
    서 물건을 잡는 해녀를 갓꾼이라고 한다.
120 머정: 무슨 일에 있어서 재수가 좋음.

다금바리, 뱅에돔이 드는 곳이 있어서 가끔씩 작살로 쏘기도 했다. 지금도 성게, 솜, 소라 등을 잡는다.

송명자 해녀는 20년 전쯤에 '겡이여' 웃두둑에서 1킬로그램 정도 크기의 할아버지 전복을 하루에 8개씩 뗀 적이 있었다. 하루에 3킬로 몇백 그램을 잡아서 소문이 났다. 전복이 여기도 척 저기도 척 붙어 있어서 쿵당쿵당 심장이 뛰었다. 그전까지는 어쩌다 한 마리씩 뗐지 할아버지 전복 여러 마리를 뗀 적이 없었다. 그러고 나서 그 이듬해 이듬해에 어쩌다 하나씩 어쩌다 하나씩 떼다가 언제부턴가 전복 자체가 아예 없어졌다.

등대 앞에서부터 '겡이여' 사이가 모두 미역밭이다. 미역은 올해 여기에서 났다가도 내년에 안 나는 수도 있다. '엿머흘'[123]에 미역이 새까맣게 날 때가 있고, '맞따'[124] 통 안에 많이 날 때도 있다. 또 '겡이여'에는 실갱이라고 부르는 잔기시모자반이 천장까지 자랐다. 22~23년 전까지만 해도 그 속을 다닐 때는 오리발에 걸릴까 걱정되어 풀들 사이로 조심해서 다니고, 썰물 때 풀이 누워버리면 위험해서 그 아래로 다니지 못했다.

'겡이여'는 돌고래가 다니는 길목이기도 하다. 같이 놀기도 하지만 떼지어 가다가 만나면 해녀도 돌고래도 놀라서 물 위로 튀거나 사람을 에워싸기도 한다. 그래서 누군가 저쪽에서 먼저 보고 신호를 보내는데 해녀들이 모두 두룽박 위로 올라가서 '배알로 배알로'라고 말하면 그렇게 희한하게 아래로 내려갔다. 서로 신호를 주고 길을 양보하는 것이다.

---

121 엉덕: 언덕.
122 물톳: 돌돔.
123 머흘: 작은 자갈은 '작지', 큰 돌이나 바위 등을 '머흘'이라고 한다.
124 맞따: 맞바람이 부는 곳을 말하며, 샛바람이 부는 곳을 '샛따'라고 한다.

2. 눌여깍

'눌여깍'[125]은 등대 옆에 있는 곳으로 수심이 깊다. 사리[126] 때 일곱 여덟 물때에는 여[127]의 꼬리가 찰랑찰랑거리면서 보인다. 약간 나올 듯 말 듯 한 것이 '눌여깍'이다. '눌여깍'에는 '굴묵 어귀'라고 부르는 곳이 있는데, 다금바리나 물톳이 드는 곳이다. 굴묵은 제주도에서 구들에 불을 피우기 위해 만든 구멍을 말하는데, 이곳의 모양이 여 하나를 사이에 두고 양쪽이 뚫려서 서로 통하기 때문에 '굴묵[128] 어귀'라는 이름이 붙었다. 우뚝 솟아있는 밑에 굴이 파여 있다. 고기 드는 엉덕에 전복도 많았고 머흘에 있는 통에 해삼도 몇 개씩 있었지만 지금은 찾기 어렵다. 송명자 해녀는 이곳에서 소살질[129]을 하다가 고기가 맞고 도망을 갔는데 반대쪽에서 기절해 있는 것을 주운 적이 있다. 고기를 보고 소살질을 한 후에 아무리 기다려도 나오지 않아서 반대편으로 갔더니 그곳에서 죽어 있었다. 고기를 잘 잡던 중에 한번은 태풍에 커다란 바위가 와서 구멍을 막아 소살질을 못 했다. 그러다가 어느 태풍에 그 돌이 굴러나가 구멍이 횡하게 트여서 옛날처럼 소살질하기가 좋아졌다. '눌여깍' 위에는 감태가 많았다. 벌겋게[130] 감태가 나 있던 곳인데 20년

---

125 깍: 끄트머리를 가리키는 제주어. '눌여깍'은 눌여의 끝이라는 뜻이다.

126 사리[대조(大潮, spring tide)]는 조수의 차가 가장 클 때고, 조금[소조(小潮, neap tide)]은 조수의 차가 가장 작을 때다. 사리는 바닷물이 가장 많이 들었다가 빠지는 날로 음력으로 보름(15일)과 그믐(30일)이다.

127 여: 조수간만의 차로 인해 보였다 안 보였다 하는 바닷속 바위를 일컫는 말.

128 굴묵: 제주의 전통 가옥에서 구들에 불을 지피기 위해 만든 구멍으로 육지의 아궁이에 해당한다.

129 소살: 작살. 해녀들이 물질하면서 물고기를 찔러 잡는 도구.

130 빨갛게.

전부터 오염이 시작되어 지금은 하얗게 변해버렸다. 중간에 감태가 조금 난 적이 있었지만 곧 사라졌다. 온평리 바다는 먼바다부터 오염이 시작되었다. 그래서 상군들은 다니던 바다를 반도 다니지 못하고 있다. 강애순 해녀는 '눌여깍'에 지금도 가끔 간다. 하지만 그보다 먼바다인 '여등을'에 간 지는 20년이 넘었다고 한다.

'눌여깍' 근처의 '산여바위'도 빨갛게 고왔던 돌이다. 그런데 돌 위에 '쩍'이 다 붙어서 하얗게 변해버렸다. 쩍은 바위에 이끼처럼 붙은 까슬까슬한 것으로 이것이 끼면 소라나 전복이 붙지 않는다. '산여'는 물이 가득 차면 안 보이지만 물이 빠지면 밖으로 나오는 여이다. '산여' 밑에는 우뚝 솟은 데가 있고 움푹하게 파여서 갑자기 수심이 뚝 떨어진다. 해삼 철이 되면 해삼 똥이 있나 없나 바닥을 훑어보기는 하지만 해녀들이 잘 다니지 않는 곳이다.

현옥수 해녀는 '눌여깍'은 물이 최고로 잘 가는 곳이라고 했다. 처음 시집와서 갓물질만 하고 무서워서 바당물질을 못 했다. 그러다 '서근여', '구쟁기지미', '실지미' 등의 가까운 여에 다니기 시작하자 금자어멍이 초보 해녀들을 인솔해서 다녔다. 금자어멍이 '눌여깍'에 먼저 헤엄쳐 가서 물길을 보고 손을 치며 오라는 신호를 보내면 신입 해녀들이 그 뒤에 졸졸 따라갔다. 그때부터 미역도 해올 수 있었다.

3. 배끄러여

'배끄러여'는 수심은 얕은데 그렇다고 물 위로 나오는 여는 아니다. 송명자 해녀는 하얗게 변한 바다와 '배끄러여' 이름을 연결해서 설명했다. "풀도 없고 뭐도 없고 해서 백바단가. 배끄러가 하얀 백자

써서 그런 거 같은 느낌이 들 정도로 하애." 백화현상이 심각하다.

'배끄러여'에 진입하는 곳에는 풀이 조금 있지만, 이곳을 지나면 아무것도 없다. 예전에는 듬북[131]도 나고 했지만 지금은 성게만 가득하다. 성게 들이치는 사업을 하면서 작은 성게들을 걷어내서 이 정도이고, 그전에는 새까만 바둑알들이 깔린 것처럼 보였다. 이곳의 성게는 살찌는 대로 조금씩 나이가 든 해녀들이 잡고 젊은 해녀들은 밖으로 나가서 잡는다.

'배끄러여'에는 옛날에도 물건이 별로 없어서 누가 뭐를 잡았다는 소문을 듣지 못했다. 지금은 소라를 하나씩 잡고 성게를 잡는 정도이고, 예전에도 전복을 잡거나 했던 곳은 아니다. 전복은 돌이 매끈한 곳에 잘 붙는데 '배끄러여'는 그렇지가 않다. 미역이 나는 철에는 미역도 났지만 3년 전부터는 미역도 나지 않는다. 소라는 많은 양은 아니라도 갓꾼들이 가서 몇 개씩 잡아 온다.

'배끄러여' 인근에 '노끈도머흘'이 있는데 노를 꼰 듯이 머흘이 이어져 있다. 이곳은 지금도 해녀들이 자주 가서 성게, 소라, 보말을 채취한다. 미역은 물발이 센 곳에서 자라는데 '노끈도머흘'에도 미역이 잘 자라고 맛이 있다. 올해도 거기에서만 미역 조문[132]을 했다. 미역은 3월 초에 본격적으로 채취하지만, 동지 때도 어느 정도 자라 먹을 만큼은 된다. 동짓날에 조금씩 한 것을 집에서 먹는다. 그런데 올해는 동지에 미역을 하나도 보지 못했다. 이 또한 바다의 오염과 무관하지 않을 것이다.

'노끈도머흘'은 수심이 깊은 곳도 있지만 사리 빨에 물이 싸면 얕은 데가

---

131 듬북: 제주도에서는 거름용 바다풀을 뭉뚱그려 듬북 또는 몰망이라고 한다. 밭에 거름으로 쓰는 바다풀은 듬북·말레듬북·실겡이·노랑쟁이 등이 있었다.
132 미역 조문: 미역 따는 일을 말한다.

海女功勞碑

溫平海女
補助文教

不憚勞力
表其功德

故高泰春紀念碑

春圃高段國義捐碑

드러나는데, 그런 곳에서 갓전복을 많이 잡았다. 이때는 물 위에서 기어 다니면서 전복을 잡는다. 모래가 있는 머흘에 전복이 제일 많다. 물 위에서 수경을 쓰고 가다가 전복이 감태에 휘척휘척하다가 눈에 딱 뜨이면 아래로 내려가서 뜨고 오는 것이다. 이곳도 하얗게 백화가 진행되고 있다.

4. 홀어멍돌

'홀어멍돌'은 등대에서 약간 서쪽에 있다. 여와 여 사이에 머흘이 몇 개 있는데, 그중에서 가장 크다. 돌이 하나 외롭게 있어서 '홀어멍돌'이라고 부른다. 큰 돌 하나가 떼어지지도 않고 여에 딱 붙어 있다. 그 아래 고기도 들고 옛날에는 큼지막한 전복도 많았다. 하지만 고기가 살 정도로 널찍하지만, 사람이 들어갈 정도는 아니어서 전복이 붙으면 손이 들어가지 않아서 쳐다볼 수밖에 없다. 전복이 나왔다 들어갔다 하는데, 눈으로만 보고 뗄 수가 없는 것이다. 나왔다가도 사람을 보면 쪽쪽쪽쪽 안으로 들어가 버린다.

'홀어멍돌'은 고기 잡는 포인트이다. 특히 '물톳'이라고도 부르는 돌돔이 많이 있다. 물톳은 머리가 작고 입이 뾰족하고 이빨이 날카롭다. 어두운 구멍 속에서는 돌돔 자체가 보이는 것이 아니라 희끗희끗하게 보이기 때문에 고기의 이빨을 보고 작살을 쏜다. 물이 아주 맑고 시야가 좋을 때는 줄무늬도 보이지만 대부분 이빨로 구분한다. 돌돔 이빨이랑 벵에돔 이빨은 또 다르다. 돌돔 이빨이 벵에돔보다 더 하얗고 뾰족하고 날카롭다. 어두운 데 고기가 들어가면 그런 것으로 구별한다. 때로는 소리로 구별하기도 한다. 물톳은 '구꾹 구꾹' 하는 소리를 낸다.

물고기들이 자기들끼리 놀면서 내는 소리를 듣고 거기에 있다는 것을
아는 것이다. 어두운 바위 구멍에서 '구꾹 구꾹' 소리가 들리고
희끗희끗한 이빨이 보인다면 돌돔이 있는 것이 분명하다. 물 위로 여러
번 왔다 갔다 왕복하다 보면 고기가 살짝 나올 때가 있다. 올라와서
호흡을 고르고 서너 번 왔다 갔다 하다가 고기가 나온 순간 재빠르게
작살을 쏘아서 잡는다.

5. 관할망여

'관할망여'는 '고장머흘'에서 조금 위쪽에 있는 여로 수심이 얕고 제법 큰
여이다. 가랑쳉이[133]가 많고 울퉁불퉁해서 물건이 옴팡한 곳에도 있고
편편한 곳에도 있어서 소라를 많이 잡았다. 이곳은 해녀 2~3명이 하루
종일 그곳에서만 살아도 될 정도로 물건이 많았다. 소라가 많았을 때는
그 여 한 곳에서만 30~40킬로를 잡기도 하고, 많이 잡는 해녀는
100킬로도 잡았다.
'관할망여'는 상군도 갓꾼도 함께 다니는 바다이다. 얕은 여에는 누구라도
다니지만, 여 아래는 아무나 다니지 못한다. 여 아래에 있는 머흘까지는
수심이 세 발 정도 차이 나는데, 아래로 뚝 떨어지면서 깊다. 갓꾼들은 여
위에만 타고 가고, 상군들은 바닥까지 내려가 빌레[134]까지 다 훑고 간다.
'관할망여' 아래는 모래로 된 머흘이 좋아서 전복도 많이 났다. 요즘에도
겨울에 해삼을 잡으러 갈 때면 전복 한두 개는 잡는다. 가끔 통 속에

133 가랑이.
134 빌레: 널따랗고 평평한 바위를 가리키는 제주어.

요왕님 말젯딸이라고 부르는 바다거북이 들어가 있을 때도 있다.

이곳 바다도 참 고왔다. 봄이 되면 노랑쟁이[135]들이 물 위까지 길게 자라고 감태도 많이 났다. 지금처럼 돌들이 해이영하고 거멍하게[136] 쩍이 붙어 있지 않고, 옛날은 불긋불긋한 풀들이 나고 감태가 있어서 그 아래로 물건들이 있으면 잡아 왔다. 요즘은 골겡이[137]가 있어야 물질을 하지만 옛날에는 감태를 붙잡고 다니면서 물건을 잡았다.

몇 해 전 온평리 전체에서 소라를 많이 잡았던 때가 있었다. 당시 이제복 해녀는 하루에 106킬로를 잡았다. 하지만 3년에서 5년 사이 바다에서의 수확이 점점 줄기 시작했다. 작년보다 올해는 더 줄어들었다. 그 많던 감태도 모두 사라져 버렸다. 송명자 해녀의 "관할망여도 파리 새끼도 하나 어서. 감태 새끼도 하나 어서."라는 말처럼 온평리 바다는 소라도 감태도 살지 못하는 곳으로 변해 버렸다.

6. 용머리여

바위의 모양이 용의 머리처럼 생겼다 해서 '용머리' 또는 '용머리코지'라고 부른다. '용머리코지'를 넘어서면 자잘한 얕은 여들이 쭉 이어지는데 이를 '용머리여'라고 한다. 계속 여가 있고 아래는 머흘도

---

135 노랑쟁이: 갈조류 모자반과의 바다풀인 괭생이모자반을 부르는 말이다. 주로 밭에 거름으로 주기 위해 채취한다.
136 하얗고 검게.
137 골겡이: 육지의 호미와 비슷하게 생겼으나 호미보다 날의 폭이 좁다. 밭에서 김 맬 때 주로 사용하지만, 해녀들이 물속에서 물건을 잡거나 몸을 바닥에 고정하는 용도로도 사용한다.

몇 개 있고 모살통[138]도 있다. 지금의 방파제로부터 시작해서 '개여지코지'[139] 밖으로 '중여'에서 '도리여'를 지나 '용머리여'까지 여가 이어진다. 그보다 더 멀리 나가면 '용머리 새여'가 있다.

'용머리'는 갓꾼들이 주로 이용하는 바다이다. 상군들은 물에 들면서 눈[140]을 닦으며 지나간다. 깊은 바다로 헤엄쳐가면서 물건이 있으면 하나씩 잡고 넘어가기도 한다. 상군들은 오분자기를 잡을 때 많이 가고, 소라를 잡을 때는 주로 '중여' 바깥으로 나간다. 예전에는 머흘과 여에 소라가 많았다. 머흘에 전복도 많이 붙었다. 또 깊은 곳에 가면 고기들도 많아서 물톳도 있고 다금바리도 쏘아 왔다. 하지만 지금은 겨울에 젊은 해녀들이 머흘 트멍[141]이나 깊은 모살통에서 해삼을 잡을 때만 찾는다. '용머리코지'에서 밖으로 더 나가서 '중여' 가기 전에 있는 안쪽 여까지 양식장이 있다. 또 '용머리'와 '센동산' 사이에는 돌을 투석한 곳이 있는데, 이곳에 돌돔이 많다. 모살밭에는 물건이 없기 때문에 어촌계에서 투석 작업을 연속적으로 추진했지만, 큰 효과는 보지 못했다. 다만 고기들은 풀이 없어도 숨을 데가 있기 때문에 자라고 있다. 용머리 해안은 1995년 9월 2일 24시경 북한간첩 김동식과 박광남 2명이 침투로로 이용했던 곳이다. 김동식은 1990년 5월 제주도 서귀포 해안을 통해 국내로 침투해 10월 이선실을 데리고 북한으로 돌아가서 '공화국 영웅 호칭'을 받았다. 김동식은 다시 1995년 9월 제주도 온평리 해안을 통해 2차 침투해 공작 임무를 수행하다 관통상을 입고 체포됐다. 간첩

---

138 모래통.

139 코지: 코지는 바다로 돌출된 육지의 끝부분인 곶(串)을 나타내는 제주어이다.

140 눈: 해녀들이 물질할 때 끼는 물안경을 말한다. '고무눈·족쉐눈' 등이 있다. 물안경을 보관하는 통을 '눈갑'이라고 한다.

141 틈.

사건 이전에는 '황노알'에서 방위 근무를 했는데 간첩 사건 이후로 용머리 해안에 초소가 생겼다고 한다. 당시 주민들 사이에서는 용머리 해안으로 올라온 간첩들이 '여맞인개' 골목의 전봇대에 무슨 표시를 해놓았다는 말이 돌았다고 한다.

7. 용머리 새여

'용머리 새여'는 '용머리' 사이에 있는 여로 수심이 깊다. 중군과 상군들이 다니는 바다로 소라, 전복, 해삼이 풍부하고, 값나가는 감태, 계관초가 많이 나던 곳이다. 처음에는 얕은 곳에서 시작하다가 깊은 곳은 모살통까지 2m 정도 아래로 내려가야 한다. 그곳만 지나고 나면 다시 얕은 모래밭이 나타나고 바위에 평평한 여들이 있다. '중여'와 모양과 위치가 비슷하지만, '중여'보다 '용머리 새여'가 바깥쪽으로 나와 있어서 물건이 더 많이 잡힌다. 그래서 '중여'는 아무라도 보통 사람은 다 갈 수 있는 곳이라면, '용머리 새여'에는 중상급 이상 물질을 하는 사람들이 다닌다. 특히 깊은 수심의 우뚝하게 솟은 여에 소라, 전복, 해삼 등이 풍부했다.

옛날 '용머리 새여'에는 감태가 깔려 있었다고 한다. 현옥수 해녀는 배를 빌려서 '용머리 새여'와 '생이여'에서 감태를 채취했다. 맨들맨들하고 평평한 바위에 감태가 붙어 있어서 채취하기가 좋았다. '엿새'에도 감태가 깔렸지만 바위가 울퉁불퉁하고 물살이 세기 때문에 '용머리 새여'만큼 좋지 못했다. 친구 두 명과 함께 3명이 한 팀이 되어 배를 타고 '용머리 새여'까지 간다. 배에는 남자 두 명이 함께 가는데, 남자들이 닻줄을 내려주면 테왁을 닻줄에 묶는다. 물속으로 들어가 감태를 끊어와

공쟁이(갈퀴)에 걸면 배 위로 끌어 올린다. 축항 등대 있는 곳에서 말려서 팔면 뱃삯과 인건비를 빼고 해녀 셋에게 돌아오는 돈은 얼마 되지 않았다.

'동바르'[142]는 돈을 많이 벌던 바다였다. 바다가 오염되기 전인 25년 전까지만 해도 계관초[143]가 많았다. 이것을 채취할 시기에는 해녀들이 '용머리 새여'에만 들려고 했다. 계관초는 '독고달'이라고도 부르는데, 그 모양이 닭의 볏처럼 붉은색을 띤 바다 식물로 깊은 바다 모살통에 잘 자란다. 풀에서 상어고기 향이 나고 꼬들꼬들한 식감 때문에 생선회 장식품으로 사용된다. 오조리, 종달리, 시흥리 바다에도 나는데 모두 일본으로 수출한다. 옛날에는 1킬로그램에 오천 원, 육천 원, 칠천 원까지 나갔는데 미역 따는 조락으로 하나만 해도 몇만 원이 되었다. 또 그것에 전복이 붙어 있어서 부가적으로 돈을 벌기도 했다.

'용머리 새여'가 지금은 해삼 바당이 되었지만 예전에는 계관초의 주무대였다. 계관초를 채취할 때는 지금의 방파제 앞에 불턱을 놓고 옷을 갈아입었다. 30여 년 전 송명자 해녀가 물질을 시작한 지 얼마 안 되었을 때였다. 허채[144]가 시작되던 전날 친한 언니에게 계관초가 무엇인지 물어보고 준비를 하고 있었다. 다음 날 다른 해녀들은 70킬로씩 채취했지만, 송명자 해녀는 아기를 낳는 바람에 그해에 계관초를 채취하지 못했다. 이듬해에는 계관초가 얼마 나지 않아서

---

142 동바르: 동쪽 바다를 뜻한다.

143 계관초: 모양과 색이 닭의 볏을 닮았다 해서 '독고달'이라고도 부른다. 계관초, 즉 갈래곰보는 홍조류 솔리에리과 바다풀이다. 고장풀(볏붉은잎)과 함께 생선회 장식품으로 인기가 높아서 1970년대 중반부터 일본으로 수출했다.

144 허채: 일정 기간 해녀들이 바다에서 물건 잡는 것을 금지했다가 채취를 허락하는 것을 말한다.

20킬로 정도를 뜯었지만, 그 뒤로 조금씩 줄어들기 시작해서 이제는
완전히 사라졌다.

8. 고장머흘

'고장머흘'[145]은 물이 깊지 않고 머흘이 많은 곳이다. 육지에서 멀지 않은
곳에 있는 여로 바위가 완만하고 평평하게 생겼다. 바다도 곱고 풀이
좋아서 '고장머흘' 알바위 모살바위에는 전복 새끼가 많았다. 머흘이 쭉
가다가 모살통이 나오면서 머흘이 하나씩 하나씩 있는 그런 바위에
전복이 많다. 여만 달랑 있으면 한 번 떼면 없지만 머흘에 있는 것은
숨었던 것들이 계속 나오기 때문에 떼어도 계속 나온다.
'고장머흘'에는 갓전복들이 많이 살았다. 바다전복은 껍데기가 두껍고
붉은색을 띠지만, 갓전복은 껍데기도 얇고 양식장에서 기르는 전복처럼
색이 붉지 않다. 갓전복이 사라진 것도 20년 정도가 된다. 양어장을 하기
전까지는 전복들이 있었지만, 양어장이 생긴 후에는 갓전복들도 씨가
말라버렸다. 옛날에는 감태가 소빡하게[146] 군락을 이루고 있어서 수풀을
헤치면서 물건을 잡았다. 그러다 '도에' 앞 첫 여인 이곳에서 감태 작업을
하던 해녀가 닻줄에 다리가 걸려 숨지는 사고가 일어났다. 숨이 긴
사람이라면 발에 걸린 줄을 풀 수 있지만, 호흡이 짧은 사람들은 그렇지
못하다. 물건을 버리고 줄을 풀어야 하는데 당황하게 되니 숨도 짧고
판단이 어두워져 사고를 당하는 것이다.

---

145 고장머흘: '고장'은 '꽃'을 뜻하고 '머흘'은 큰 돌이나 바위를 말한다. 고장머흘의 이름
    에 대해서는 구체적으로 설명하는 분이 없었다.
146 수북하게.

'고장머흘'은 갓꾼들 바다로 상군들은 그냥 지나치는 곳이다. 아직은 감태가 하나씩 있다. 지금도 소라와 성게가 많이 나는 곳으로 웬만한 중군들은 다 가는 곳이다. 작년까지도 소라를 제법 잡았다. 강애순 해녀는 지난해에 '고장머흘' 파이프 위쪽 여에서 소라 20~30킬로씩을 잡았는데, 이상하게 파이프 옆에 왔던 소라는 잡지 않고 그대로 두면 빨리 죽는다고 했다. '고장머흘' 주변은 예전부터 유명한 전복 바당으로 여가 끝나는 지점인 파이프 옆으로는 머흘이 좋아서 재수가 좋으면 일 년에 하나씩은 전복을 딴다.

옛날에는 물건이 많아서 상군들은 갓꾼들이 가는 곳에는 숨비지 않았다. 상군들이 머리라도 적실라치면 "야, 너네 나가라. 어디니 여기. 나가라."라고 했다. 또 "언니, 귀만 적성 갈꺼."라고 하면 "귀도 밖에 강 적시라."며 쫓아냈다. 그래서 상군들은 '개머리밧여'까지 나가서 귀도 적시고 머리도 적셨다. 하지만 먼바다의 물건이 줄어들면서 상군들도 가까운 바다로 숨빌 수밖에 없게 되었다. 그래도 젊은 상군들은 체면이 있어서 거기까지는 차마 다니지 못한다.

9. 벌러진여

'벌러진여'는 바위가 두 조각으로 쪼개져 있다고 해서 붙은 이름이다. 여는 대체로 수심이 얕다. '벌러진여' 또한 수심이 얕아서 물이 빠졌을 때 파도가 치면 여에 부딪혀서 하얀 포말이 생긴다. 물 밖으로 나오지는 않지만 절[147] 치는 것을 보며 저것이 여라는 것을 알 수 있다. 물 밑에서

---

147 절: '물결, 파도'를 뜻하는 제주어. 파도가 바위에 부딪치는 것을 '절 친다'라고 한다.

바라본 '벌러진여'는 대체로 각이 져서 이쪽과 이쪽 사이가 절벽처럼
생겼다. 여와 여가 뚝뚝 벌어져서 그사이가 갈라져 있으며, 제법 크게
우뚝한 여인데도 칼로 벤 것처럼 뚝 잘려 있다.

'벌러진여' 한쪽 좁은 골목에 고기 드는 포인트가 있다. 고기가 숨기 좋은
곳이 있어서 지금도 고기를 잡으러 간다. 또 '벌러진여' 머흘 밑에는
생복이 잘 붙었다. 알바위 머흘에 잔잔한 생복들이 가득했다. 여의
매끈한 돌에는 소라도 잘 올랐다. 하지만 여에는 소라 외에 잡을 것이
그리 다양하지 않기 때문에 상군들은 주로 머흘로 모살통으로 다닌다.
여는 위에 있기 때문에 수심이 얕고 머흘은 여보다 밑으로 가야 해서
수심이 깊다. 여에서 머흘까지는 두세 발 정도를 더 내려가야 한다.
여에는 생복이 잘 붙지 않고 바위 아래 고운 곳에 붙는다. 예전에는 풀이
우거졌지만 지금은 미역철에 미역이 조금 나는 정도이다. 까끌까끌한
풀들이 있는 곳에는 소라가 하나씩 보이지만 크기가 작다. 해삼 잡을 때
'벌러진여' 안통 쪽으로 어쩌다 한 번쯤 가는데 별 수확이 없다. 수심은
깊은데 물건은 없기 때문에 점점 먼바다로 가는 해녀들이 없다.

'벌러진여' 약간 바깥의 '개머리밧여'는 '벌러진여'랑 다르게 완만하지만
고랑도 있고 평평해서 물질하기가 좋다. '개머리밧여' 안쪽 머흘밭에
전복들이 많았고, 전체적으로 완만하고 물질하기가 좋아서 전복, 소라를
많이 잡았다. 하지만 이곳도 안 간 지가 오래되었다. 물건이 없기 때문에
깊은 바다까지 갈 필요가 없는 것이다. 신양리 쪽 '여등을'에도
'벌러진여'가 있는데 그곳에도 전복이 많아서 몇 킬로씩 캐오곤 했다.
하지만 백화현상[148]이 그곳부터 시작되면서 여등을에 안 간 지도 20년
정도가 된다.

10. 애기죽은날코지

'애기죽은날'이라는 이름과 관련해서 전해오는 이야기가 있다. 한
해녀가 아기를 데리고 물질을 하러 왔다가, 엄마가 물에 들어가서
작업을 하는 사이에 아기가 물에 빠져 죽었다고 한다. 그 후부터 이곳을
'애기죽은날'이라고 부른다는 것이다. 이 지역과 '도에' 등 일부 바다를
통틀어 '알바르'라고 하는데, 이는 마을의 아래쪽에 자리 잡은 바다라는
뜻이다.

'알바르'는 모두 전복바다였지만 지금은 보말, 성게, 소라를 주로 잡는다.
옛날에는 '수승코지'에서부터 초소 앞부터 이쪽까지 모두 전복
황금라인이었다. 가에서부터 먼바다까지 전복이 붙기 좋은 환경이다.
'애기죽은날코지'에는 '기바리 전복'이 촉촉촉촉 나와서 붙어 있었다.
기바리는 갓전복이라고도 하는데, 물이 찰 때 올라오는 전복, 기어
다니는 전복이라는 뜻에서 붙은 이름이다. 여의 고랑 사이에는 풀이
없어도 전복이 붙었다. 얕은 곳이어서 물 위에서 보면서 전복을 잡았다.
어느 물에 가더라도 전복 2~3킬로그램은 기본이었던 바다이지만 이제는
다 죽어버렸다. 풀이 빨긋빨긋하지 않고 하얗게 백화현상이 심하게
진행되었다. 해녀들은 그래도 아쉬워서 전복이 붙었던 머흘 밑을 한번
쳐다보게 된다고 한다.

'애기죽은날'은 원래 난산리 바다였다고 한다. 이쪽 물 흐름과 저쪽 물

---

148 백화현상: 연안 암반 지역의 해조류가 사라지고 무절석회조류가 달라붙어 암반이 흰
색으로 변하는 현상. 갯녹음 현상이라고도 한다. 백화현상은 지구 온난화로 인한 기
후변화에 따른 바다의 수온 상승과 해양 오염이 주요 발생 원인이다. 백화현상이 발
생하면 해양 생태계의 파괴를 초래할 수 있기 때문에 바다의 사막화라고도 한다.

흐름이 섞이면서 물이 안으로 들어오며 영장[149]이 모이는 곳이 되었다. 바다에 빠진 시체들이 이곳으로 많이 올라오기 때문에 난산리 사람들이 그 시체를 치우기 싫어서 온평리에서 그것을 치우는 대신 바다를 가져가라고 했다. 그렇게 해서 온평리 바다가 넓어졌다.

바다에서 시체가 올라오면 해녀회장을 비롯한 책임자들이 시체를 건져 올리고 119에 신고한다. 시체가 떠오르면 한동안 물질을 하지 않는다. 예전 '황노알'에서 감귤을 싣고 가던 배가 뒤집힌 적이 있었는데, 그때 한 달 이상 물질을 하지 못했다. 시체 대여섯 구를 건져내고, 배를 인양하고, 농약병과 귤을 건져내는 데 시간이 많이 걸렸다. 그때는 귤도 지금처럼 흔하지 않던 때였는데, 해녀들이 모두 일을 못 하게 되자 하루씩 교대로 귤을 따러 갔다고 한다.

11. 여머흘

'여머흘'은 넓은 바다이다. 앞쪽으로 진입하는 곳에는 빌레와 모래가 있다. 등대 있는 쪽으로 갈수록 수심이 얕아지는데 물의 깊이가 꽤 차이 난다. '여머흘'에는 바위가 성처럼 쌓여 있어서 물 밖에서 보면 꺼뭇꺼뭇하게 보인다.

'여머흘'은 없는 것 없이 다 나는 황금바다였다. 여와 머흘이 등대 저쪽 '맞다'까지 다 이어져 있어서 엄청나게 큰 바다이다. 바닷속은 여가 있다가 통이 있고, 또 한쪽에는 돌이 쫙 깔려 있어서 어디든지 다 숨빌

---

149 영장: 영장(靈葬)은 제주어로 '장례' 또는 '시체'를 뜻한다.

수 있다. 실겡이¹⁵⁰가 꽉 차고 바다풀이 왕성하게 자랄 때는 얕은 머흘에는 오분자기가 많았다. 머흘 틈새 틈새에 있는 작지¹⁵¹를 들추면서 오분자기도 잡고 솜도 잡았다. 뒤쪽으로 가면 집처럼 큰 머흘이 있어서 전복과 소라도 많고 고기도 많았다.

'벌러진여' 가기 전에 있는 여로서 '안에머흘'이라고도 부른다. 머흘이 산채만 한 곳이라서 올라오다 보면 전복이 탁 붙어 있었다. 하지만 돌이 쌓여 있어서 전복 따기가 쉽지만은 않은 곳이다. 송명자 해녀는 이곳에서 커다란 전복을 보고도 못 잡고 올라온 경험을 말했다. 전복을 보고 올라와서 숨을 고르고 다시 내려갔는데, 그 돌이 그 돌 같고 그 돌이 그 돌 같아서 찾을 수가 없었다. 칠팔 년은 되어 보이는 전복을 보고 온 뒤라 열 번을 내려가도 돌은 분명 그 돌 같은데 찾질 못했다. 거기 있다가는 고동도 못 잡고 아무것도 못 잡을 것 같아서 닻을 들고 다른 데로 갔다고 한다.

깊은 곳에서는 소라도 잡고 전복도 잡고 했지만, 지금 남은 것은 해삼밖에 없다. 완만한 '여머흘' 진입로에서는 해삼 똥을 보면서 돌을 들춰 해삼을 잡는 사람들도 있었지만, 이제는 그럴 만큼 해삼도 없다. "육십 되가믄 깊은디 가민 해삼 똥 안보여간다게. 한 해 한 해가 틀려그네 오십대하고 육십대는 엄연히 틀려. 깊은 데는 가면 눈이 침침하니 이것 딱 가민 해삼똥도 하얗게끔 해서 또랑또랑하게 모래가 좀진^(가는) 모래 먹은 것이 있고." 강애순 해녀는 점점 물건이 줄어드는 바다와 늙어가는 해녀 모두를 안타깝게 생각했다.

---

150   실겡이: 실겡이는 갈조류 모자반과의 바다풀인 잔가시모자반을 이르는 말이다. 실 겡이는 남자들이 배를 타고 어장으로 가서 '줄아시'라는 도구로 베어내는 경우가 많 았다.

151   작지: '조금 작은 돌'을 뜻하는 제주어.

또 옛날에는 전복이 수두룩했지만 지금은 소라 한두 개밖에 없고 크기도 작아서 깊은 물에 잘 들어가지 않는다. 올해는 물이 철썩철썩 치는 얕은 곳에서만 소라를 잡았다. 작은 풀이라도 남아있으면 그것을 갉아먹으려고 소라가 올라오는 것이다. 지금은 바다가 오염되어서 바깥 바다로는 소라가 나지 않는다. 그냥 물 위에서 소라를 보고 가서 주워올 정도의 물에서만 소라를 잡는다. 상군들이 갈 곳이 점점 줄어들고 있다.

12. 수승코지여

'수승코지여'는 '수승코지'를 기준으로 여가 완만하게 바다 쪽으로 높았다 낮았다 높았다 낮았다 하면서 쭉 이어져 있다. 그 밖으로는 머흘이 있다. '수승코지여'는 '오갈여' 바로 뒤에 있는데, 물이 빠지면 쫄락쫄락(드문드문) 보인다. '수승코지' 일대를 전부 '수승코지여'라고 할 수 있다. '오갈여'는 우뚝 솟아있는 여로 '오갈' 즉 따개비가 많아서 붙은 이름이다. 옛날에는 보말이 많아서 굵은 것만 골라서 잡았는데, 지금은 너무 많이 잡다 보니 씨가 말라 버렸다.

'수승코지' 앞 '오갈여' 바로 뒤 머흘이 모두 전복밭이었다. 여둥이나 가랑챙이에도 있고, 소라를 잡다가 돌이 깎인 것처럼 생긴 곳에도 있고, 통통마다 전복이 있었다. 5년 전까지만 해도 제법 큰 전복이 하나씩 보였다. 얕은 수심에서는 고지기[152]가 자랐다.

---

[152] 고지기: 고지기는 갈조류 모자반과의 바다풀인 큰잎모자반을 말한다. 지역에 따라 곡제기, 고지기 등으로 부르는데, 밭에 거름으로 사용하려고 잠수해서 따는 경우가 많다.

'수승코지'에서 여를 찾을 때는 양어장을 기준으로 한다. 여를 찾을 때는
물밑도 살피지만 물 밖도 보면서 판단해야 정확하다. 먼 여를 한번에
찾아갈 때는 바다 밖을 잘 돌아보아야 하는데, 물이 흐르기 때문에
머릿속 해도와 잘 맞춰야 한다. 만약 '막여'를 한번에 갈 수가 없다면
먼저 '벌러진여'로 가서 물질하는 사람들을 보면서 얼마쯤 내려가는지를
가늠해서 '막여'를 찾는다. 그것을 계산하지 못하면 항상 남이 찾아놓은
데 숟가락을 얹을 수밖에 없다.

온평리에서는 강애순 해녀가 여를 가장 잘 찾았다. 나이가 들면서
강애순 해녀가 바다에 나오지 않은 날이었다. 송명자와 최순자 해녀는
안쪽에 물건이 없으니까 '수승코지' 바깥쪽에 있는 우뚝한 여를 찾으러
나갔다. 자신들의 힘으로 처음으로 찾은 여였다. "어느 여를 지나고
길쭉한 여를 지나서 통을 하나 지나면 그 여야. 그걸 보면서 갔는데
계산대로 가서 그걸 찾으니까 심장이 뛰어가지고 너무 뿌듯했어. 그
후부터 언니들이 안 나오더라. 그때부터 우리가 상군 했어." 바다의
지혜와 지식은 선배 해녀들의 도움과 나의 용기가 만나 그렇게 이어져
갔다.

13. 거욱게빌레

'거욱게빌레'는 전복바당이었다. 이곳에는 매끈매끈한 돌이 많은데,
예전에는 이런 곳에 전복이 척척 붙었다고 한다. 머흘 옆 빌레의
매끈매끈한 데를 히어가다 보면 눈 돌리는 곳마다 물건이 있었다.
울퉁불퉁하고 까슬까슬한 바위보다는 평평하고 매끈매끈한 돌에 소라도
전복도 잘 붙는다. 옛날에는 돌 사이의 고랑에 굵지 않은 전복들이

많았다.

12월 25일쯤 되면 물이 차가워지는데 이때 '기바리 전복'이 나와서 붙어 있다. '거욱게빌레'는 옛날에는 오분작 바당이기도 했다. 몇 년 전까지도 잰잰한[153] 오분자기들이 가랑챙이 틈새 틈새에 붙어 있었다.

수심이 얕은 여에는 소라가 있고, 그보다 수심이 깊은 곳에는 전복이 있다. 소라는 물이 차가워지면 여의 등쪽으로 올라오고, 따뜻해지면 돌 아래 가랑챙이 사이로 들어간다. 소라가 여등에 올라올 때 잡기가 쉽다. 9월이나 10월까지도 틈새에 박혀 있어서 손으로 꺼내다 보면 장갑이 터지기도 한다. 이때는 소라도 질기다. 11월이 넘어서면 돌의 가장자리 쪽으로 물이 찰랑찰랑거리는 데 올라와 있고, 물이 차가워지면 바깥으로 나와서 수심이 깊은 곳으로 내려간다.

해녀들은 물질도 머리싸움이라고 말한다. "머리 돌아가는 사람은 여 보멍 물건도 잡고, 또 돌 보멍 전복도 잡고 해. 그냥 여엔 다 물건이 있는 것이 아니고. 머흘마다 다 있는 것이 아니지. 그리고 자기가 잡았던 데는 해도를 그려 놓잖아. 언제 어디서 어떻게 잡은 거를 시기별로 머릿속에 입력해 놔야 해."

옛날에는 노랑쟁이, 고지기, 감태 등이 많이 났다. 빌레에는 감태가 안 나는데 그 아래 수심 깊은 곳에는 감태가 자랐다. 그때는 돌이 하얗지 않고 감태나 짧은 바다풀이 붙어 있어서 붉은색을 띠었다. 또 풀 속에 숨어 있는 것을 헤치면서 물건을 잡았다. 그러다 보니 숨겨진 것들이 있어서 여러 번 들어가도 물건을 잡을 수 있었다. 하지만 지금은 풀이 하나도 없기 때문에 한 사람이 지나간 자리에는 아무것도 남아있지 않다.

---

153 자잘한.

강애순 해녀는 말한다. "해녀들은 올해부터 제라하게 아이엠에프 걸려부럿어. 물건이 아무것도 엇어부난. 작년까지는 그래도 보말을 잡아서 10만 원 벌이를 헤여신디. 올해 겨울부터는 진짜 아이엠에프라 진짜 큰일 났어. 이번 물끼도 가봐야 벌 것이 어서."

14. 양식장

해녀들이 공동양식장을 만든 것은 30년도 전의 일이라고 한다. 돌을 투석하면서 양식장을 만들었다. 육지에서 가져온 돌들을 해안가 바위로 실어놓고, 해녀들이 직접 바다로 날랐다. 큰 돌을 사람 손으로 일일이 깨서 작게 만든 것이었다. 이제복 해녀는 어촌계에 가입한 지 얼마 안 되어 물질을 시작할 때, 해녀 한 사람당 돌 20덩어리를 배정해서 바다로 들이쳤다고 한다. 어촌계 가입과 별도로 양식장에도 돈을 내고 가입해야 했다. 돌 투석한 사람들이 일한 값을 내놓고 다시 양식장에 가입해야만 이용할 수 있는 권리가 생기는 것이다.

양식장에는 종패를 뿌렸지만 자주 채취하지 않는다. 묶어놓고 일 년에 한두 번, 많으면 서너 번 정도만 물건을 채취한다. 보통 설과 추석에 한 번씩 채취하고, 해녀굿을 할 때 회장이 대표로 와서 전복, 소라를 잡는다. 양식장 허채하는 날은 상동 하동에서 젊은 해녀에서부터 할머니 해녀까지 모두 모여서 물질하는 날이다. 하지만 따지고 보면 평상시에 계속 물질하는 것만큼도 안 나왔다. 어쩌다 한 번씩 채취하는 양식장 물건이 일 년 내내 굴리는 바다보다 몇 곱절 더 많아야 하지만 현실은 그렇지 않았다. 종패를 들이치고 어쩌고 해도 소용이 없다. 몇천 마리를 부어도 10퍼센트도 안 살아남는다. 바다는 농사짓는 게 아니라

주워오는 것이라는 해녀들의 상식과는 어울리지 않는 셈법이었던 것이다.

중간중간에 수산청이나 관련 기관에 신청해서 전복 종패, 오분자기 종패, 해삼 종패 같은 것을 계속 넣었다. 해삼은 최근에 한 것이고 주로 전복 종패와 오분자기 종패를 많이 뿌렸다. 하지만 오분자기는 아예 생기지를 않아서 이제는 뿌리지 않고 전복과 소리만 뿌린다. 이제복 해녀는 종묘배양장에서 설명을 들었는데 오분자기 종패를 뿌려서 성공한 곳은 시흥리밖에 없다고 한다. 그곳 바다는 모래도 있고 감태나 우미가 많아서 성공했는데, 온평리는 먹을 게 없으니까 들이쳐봤자 소용이 없다는 것이다. 또 전복 종패를 뿌려서 성공한 곳은 법환리인데 전복도 소라처럼 묶었다가 날을 정해서 허채를 하면 십 몇 킬로씩을 채취한다고 한다. 그만큼 바다가 좋다는 것이다. 어쩌다 운이 좋거나 재수가 좋으면 한 번씩 전복을 캐는 온평리와는 다르다.

양식장에서 나오는 물은 파이프를 따라 바다로 흘러든다. 초소 앞과 '도에' 앞에도 파이프가 길게 이어져 있는데 그 길이가 백 미터는 넘는다. 양식장 주변에는 찌꺼기가 모여서 썩는 냄새가 진동하고 돌이 썩어서 시커멓게 변했다.

15. 물잔지미

'물잔지미'는 물이 이쪽도 세게 가고 저쪽도 세게 가는데 그곳만 물 흐름이 잔잔해서 '물잔지미'라고 한다. 여가 있으면 물이 딱 받히면서 사이 물살이 세어지는데, 이곳은 수심은 있지만 여가 없어서 물살이 세지 않고 완만하다. 완만한 바닥에 큰 여가 없고 빌레가 길게 있다든가

해녀보다 빨리 늙는 바다

자잘자잘한 머흘들이 있다. '물잔지미'는 모살통이 많고 여는 중간중간
조금 있다. 옛날에는 그래도 듬북들이 많아서 오분자기도 많이 나고,
전복도 잡고, 붉은 성게와 해삼도 잡았다. 또 수심 깊은 모래 사이에서는
독고달도 났지만, 이제는 씨 하나가 없다.

'물잔지미'에서 '용머리 새여' 사이에는 처음에 투석한 시멘트로 된
삼바리(테트라포드) 어초가 있다. 모래판에 삼바리를 일렬로 10개씩
깔아놓고 한 칸 넘어서 다시 일렬로 깔아놓았다. 웃동네로 가면 네모
어초도 있고 원통형 어초도 있지만, 최초로 시작한 것은 삼바리
어초이다. 다음에는 자연석 돌을 투석했다. 원래 바다는 책 크기 정도의
자잘자잘한 돌들이 있었고, 텔레비전만 한 돌이나 테이블만 한 것들은
모두 투석한 것이다.

삼바리를 들이치고 몇 년 안에는 소라들이 엄청나게 붙었다. 매끈매끈한
돌 표면에 감태 등의 풀도 자랐다. 투석하고 일 년이나 이 년이 지나면
소라가 막 붙는데 그게 어느 정도 지나면 모두 없어진다. 지금은 그

아래에서 해삼을 잡는다. 투석사업을 몇 년에 한 번씩 연차적으로
진행하기 때문에 오래된 것과 새것이 함께 있다.

초기의 어초는 다이버들이 내렸다. 어초를 놓기 전에 해녀들이 놓을
장소에 테왁을 띄워놓으면 어촌계에서 배에 실어 장비로 내려놓는다.
모살판에 장소를 정해서 줄만 띄워놓으면 해녀들이 물질하지 않는
기간에 배로 와서 작업하는 것이다. 하지만 그 뒤에 이어진 돌 투석은 훅
갖다 붓고 끝났다. 강애순 해녀는 말한다. "이추룩 쌓여져노니까 뭔
물건이 있어. 하나썩 늘어놔줘사 되는데. 차로 왔다가 푹 비와낭." 돌
투석도 하나씩 하나씩 해야지 마구잡이로 쌓아놓으면 물건도 없고
오히려 바다만 오염된다는 것이다

이제는 무엇이든 바다로만 내보내기 때문에 오염이 안 될 수가 없다.
오염된 바다에는 차차차차 풀이 없어지고, 이어서 물건이 줄어들기
시작한다. "바다 쪽에 가서 잡으면 소라, 감태도 있고 막 밖에까지 강
잡아도 소라가 발갛게끔 하면서 이쁘고, 소라가 먹음직스럽게끔 살도
찌고 했는데. 요즘은 바다에 갈수록 더 이추룩 멍구젱이 저비어.[154]
소라가 볼 것이 더 없어. 먹을 알도 없고." 강애순 해녀는 바다가
살아있던 그 시절을 회상한다.

---

154 멍구젱이 지다: 못이 박이다.

은퇴 해녀의 불면증

2022년 1월 27일 초판 1쇄 발행
ISBN 979-11-6867-007-5 (03380)

지은이   문봉순
사진   박정근
펴낸곳   한그루
출판등록   제6510000251002008000003호
펴낸이   김영훈
편집인   김지희
디자인   나무늘보, 부건영, 이지은

주소   제주특별자치도 제주시 복지로1길 21
전화   064-723-7580
전송   064-753-7580
전자우편   onetreebook@daum.net
누리방   onetreebook.com
페이스북   www.facebook.com/1treebooks
인스타그램 www.instagram.com/onetree_books

이 도서는 한국출판문화산업진흥원의
'2021년 출판콘텐츠 창작 지원 사업'의 일환으로
국민체육진흥기금을 지원받아 제작되었습니다.

값 20,000원